DES PREUVES

ET DE LA

RECHERCHE DE LA PATERNITÉ

NATURELLE.

DES PREUVES

ET DE LA

RECHERCHE DE LA PATERNITÉ

NATURELLE.

ÉTUDE SUR L'ARTICLE 340 DU CODE NAPOLÉON,

PAR

Charles JACQUIER,

Docteur en droit, avocat à la Cour d'appel de Lyon.

GRENOBLE,

BARATIER FRÈRES ET DARDELET. IMPRIMEURS-LIBRAIRES.

1874

500. — GRENOBLE, IMPRIMERIE DE A. BARATIER. — 715.

AVANT-PROPOS.

L'habitude est, on l'a dit depuis longtemps, une
seconde nature. Il faut bien l'admettre, lorsqu'on
voit avec quelle facilité certains abus, certains scandales même, passent dans nos mœurs, et de nos
mœurs dans nos lois.

Personne ne contestera, en effet, que le premier
devoir du père soit de pourvoir à la nourriture et à
l'éducation de ses enfants. Or, ce qu'on ne croirait pas,
si la réalité de tous les jours n'en offrait de tristes
exemples, et ce qu'on ne saurait expliquer sans les
aveuglements parfois barbares de la passion, c'est
que des milliers d'hommes, chaque année, s'en af-

franchissent absolument, avec une indifférence et souvent un cynisme véritablement monstrueux.

Oui, chaque année, cinquante mille enfants (le chiffre est rigoureusement exact) naissent en France, dépourvus d'état civil, sans nom, sans foyer, sans famille; partagés entre l'hospice et la mansarde!

Et la loi tolère ces énormités! Que dis-je! Elle interdit à ces malheureux de rechercher le père dont ils tiennent le jour, et de lui demander même aux heures de leur plus sombre misère un morceau de pain pour conserver l'existence qu'il leur a transmise. C'est à n'y pas croire.

Sait-on quelles en sont les conséquences? Il suffit de voir la famille qui s'en va, les mœurs qui déclinent, et les crimes qui s'accroissent.

La mère ne peut suffire à l'entretien de son enfant: elle l'abandonne lorsqu'elle ne le tue pas.

Le père ne redoute aucune poursuite compromettante; il se livre sans frein à tous les caprices de la passion, foule aux pieds le plus saint des serments, et multiplie les victimes! Qu'importe? la loi le déclare irresponsable et le couvre de son inviolabilité.

Ainsi l'enfant, l'innocent, sacrifié; le séducteur, le coupable, protégé par la plus scandaleuse des impunités!

Voilà, au fond, notre législation française sur la filiation naturelle.

C'est une monstruosité qui ne peut durer plus longtemps. On la dit nécessaire au repos et à l'honneur des familles.

En réalité, elle profite uniquement à ceux qui en profanent la dignité et en troublent la paix. L'égoïsme seul peut acheter sa sécurité au prix de pareilles cruautés.

Du reste, il y a ici un droit incontestable et qui les prime tous.

L'enfant n'a pas sollicité l'existence; mais quand il l'a reçue, c'est le moins qu'il puisse en imposer la conservation à ceux dont il la tient.

Notre Code appelle donc sur ce point une réforme immédiate et radicale. Nous croyons d'ailleurs qu'aucune modification législative ne serait plus propre à réprimer le désordre de nos mœurs et l'habitude du libertinage. De tout temps, en effet, la responsabilité a été le meilleur frein de la liberté.

A l'œuvre donc! L'indifférence, en pareille matière, finit par devenir un crime. Depuis assez longtemps on perfectionne nos lois économiques et financières; il est temps de songer aux améliorations morales, sans lesquelles les autres ne seraient point durables. La dignité de la famille et le salut de la société y sont intéressés.

Déjà, s'inspirant de cette pensée, de nombreux efforts ont été tentés pour obtenir la liberté testamentaire et la modification partielle de notre législation sur le mariage. N'oublions pas dans ce plan de réformes l'abrogation de l'article 340. C'est à en démontrer l'importance et la nécessité que nous consacrons cet écrit.

Des dramaturges au théâtre, des romanciers dans leurs livres, ont avant nous soutenu cette thèse. On a écouté, on a lu, on a applaudi peut-être; puis on a oublié.

« Le sujet pourtant est inépuisable, écrivait Alexan-
» dre Dumas fils, dans sa préface du *Fils naturel*,

» tant l'insuffisance de la loi en varie les formes,
» les conséquences ; tant l'égoïsme, l'ignorance et
» la brutalité de l'homme le compliquent et l'aggra-
» vent de jour en jour. J'y perdrai mon latin très-
» probablement ; car, nombre de gens bien assis dans
» la vie, et bien tranquilles dans le monde, m'assu-
» rent que c'est là un des derniers moulins à vent
» de Don Quichotte ; que le préjugé ayant tout à fait
» disparu, ou peu s'en faut, il n'y a pas à s'en occu-
» per et que le temps fera ce qui reste à faire (1).

Alexandre Dumas disait juste. L'opinion est sur ce
point d'une indifférence mortelle. Elle trouve que
tout est bien dans une loi qui seconde si complai-
samment la passion, et jette son voile sur un passé
dont l'avenir pourrait avoir à souffrir.

D'excellents esprits eux-mêmes nous traiteront
d'excessifs et d'imprudents. Qu'ils nous accordent un
instant de réflexion : si, après avoir consciencieusement interrogé leur esprit et leur cœur, ils ne sentent
pas qu'il y a quelque chose à faire, dans la voie que
nous indiquons, c'est à désespérer du sens moral
dans notre pays.

Nous leur offrons ce livre : qu'ils n'y cherchent
point une œuvre de sentiment; il s'adresse surtout à
la raison, et place la question sur le terrain plus
pratique de la logique et de la justice. S'il ne les
convainct pas, du moins il aura peut-être provoqué
leur attention; or, c'est un pas immense que d'avoir
réussi à poser un problème : tôt ou tard il finit par
se résoudre.

---

(1) *Théâtre complet*, t. II, p. 3.

« J'ai vu souvent dans le cours de mes voyages ,
» écrit M. le Play, les tortures morales qu'inflige
» aux mères pauvres, la situation de leurs filles,
» attirées hors du foyer par la nécessité du travail :
» j'ai eu la confidence des haines que soulève la
» séduction exercée par les riches, et depuis lors,
» je me suis promis de réclamer sans relâche la
» répression d'un si honteux désordre ; je serais
» complétement dédommagé de mes travaux, si je
» pouvais appeler l'attention de mes concitoyens sur
» l'urgence de cette réforme. » C'est là aussi notre
unique ambition.

Ne nous y trompons pas. Les lois, quoi qu'on dise,
exercent sur les mœurs une décisive influence: elles
leur cèdent parfois, mais plus souvent les dirigent ;
leges emendatrices vitiorum, commendatrices vir-
tutum, disait Cicéron. C'est aux lois d'extirper le
vice et de favoriser la vertu.

La méthode que nous avons suivie dans cette étude
est très-simple. Nous commençons par exposer à
grands traits notre ancien droit sur la matière, et
celui qui nous régit aujourd'hui.

Nous signalons ensuite les correctifs successivement apportés à notre code par la jurisprudence et
les principales dispositions de quelques législations
étrangères , notamment sur les points qui les distin-
guent de la nôtre.

Après cet exposé, nous nous efforçons d'établir
que notre loi française, sur les preuves de la filiation
naturelle, appelle des réformes radicales et les motifs
de ces réformes.

Enfin, nous indiquons quelles seraient, suivant
nous, les modifications à y introduire.

Puissions-nous ne pas en attendre trop longtemps la réalisation !

Au moment de mettre sous presse , nous apprenons qu'un projet de loi, dù à la plume d'un homme éminent, doit être prochainement déposé sur le bureau de l'Assemblée, et défendu par une bouche éloquente. Nous ne savons quel accueil lui sera réservé ; mais ce que nous affirmons , c'est que tôt ou tard il s'imposera comme une nécessité sociale.

DES PREUVES

ET

DE LA RECHERCHE DE LA PATERNITÉ NATURELLE.

CHAPITRE Ier.

LE DROIT ANCIEN ET LE CODE NAPOLÉON.

A quelque époque qu'on la considère, notre ancienne législation française a toujours traité avec défaveur les enfants nés en dehors du mariage. Ceux qui le lui ont reproché n'ont pas assez compris que cette sévérité était due à la dignité du pacte conjugal et au maintien de la famille, comme le montre d'ailleurs l'exemple de toutes les nations policées. Cependant sous l'influence du droit canonique, dont l'action civilisatrice est trop oubliée de nos jours, on avait reconnu de bonne heure, même aux enfants incestueux et adultérins, le droit de réclamer des aliments à leurs père et mère, aussi longtemps qu'ils étaient incapables de subvenir eux-mêmes à leurs besoins. « Les canons, dit d'Aguesseau,
» n'ont accordé aux bâtards que le droit de demander des
» aliments, ce qu'ils permettent à tous les bâtards sans
» distinction: *en quoi, ils ont corrigé les rigueurs du Droit*
» *civil; et nous avons adopté dans notre usage cette décision,*
» *comme beaucoup plus équitable que celle du Droit ci-*

(1). » Ils étaient exclus, par contre, de toute partici-
pation à l'héritage domestique.

En retour, cette loi si sévère pour l'établissement de leurs
droits, s'était montrée facile pour autoriser la preuve de la
filiation. Ainsi régnait dans ces deux dispositions, contraires
en apparence, un parallélisme qu'on n'a pas assez remarqué et dont l'oubli a engendré d'injustes appréciations,
d'excessives critiques.

« Le droit canonique, écrit M. Ph. Serret, instaura en
« cette matière une législation souverainement juste et
« humaine. Les enfants nés hors mariage ne succédèrent
« point. L'hérédité est le privilége de la famille dont le bâtard
« ne fait pas partie. L'enfant illégitime eut droit à des ali-
« ments, c'est-à-dire au subside qui lui était nécessaire pour
« subsister et recevoir une éducation qui le mette en état
« de pourvoir lui-même à ses besoins. Si le père éludait ou
« résistait, une action devant les tribunaux était ouverte
« à l'enfant pour faire la preuve de sa filiation et réclamer
« les secours alimentaires auxquels il avait droit... Les
« bâtards adultérins n'étaient pas exceptés; l'alimentation
« est la dette de tout homme qui a donné la vie à un autre
« être. Par décence, on limitait à la nécessité stricte le se-
« cours accordé aux malheureux enfants nés de l'adultère
« ou de l'inceste (2). »

Un des premiers documents législatifs sur la matière,
est un édit de Henri II, daté de février 1556 et enregistré
le 4 mars suivant au Parlement de Paris. Il porte dans son
dispositif, que « toute femme qui se trouvera deuëment
» atteinte et convaincue d'avoir célé, couvert et occulté
» tant sa grossesse que son enfantement, sans avoir dé-
» claré l'un ou l'autre, et avoir pris de l'un ou de l'autre
» témoignage suffisant, mesme de la vie ou de la mort de

____

(1) Œuvres complètes : *Dissertation sur les bâtards*, t. VII, p. 402.
(2) *Univers*, 11 juin 1873.

» son enfant, lors de l'issüe de son ventre, et après se
» trouve l'enfant avoir esté privé, tant du saint sacrement
» de baptême, que sépulture ecclésiastique et accoustumée,
» soit telle femme pour réparation punie de mort et dernier
» supplice, et de telle rigueur que la qualité particulière
» du cas le méritera. »

Ainsi, était punie de mort toute fille ou veuve qui,
étant enceinte, ne faisait pas la déclaration de sa grossesse
ou de son accouchement, et dont l'enfant mourait sans
baptême et sans sépulture.

Henri II songeait par là à diminuer le nombre croissant
des infanticides et les difficultés de la répression résultant
de l'impossibilité où se trouvaient souvent les juges de constater rétrospectivement, si l'enfant avait vécu ou non, au
moment de l'accouchement. Il se préoccupait, en outre,
de prévenir le dommage résultant pour celui-ci de la priva-
tion des avantages spirituels attachés au sacrement de
baptême et à la sépulture ecclésiastique. Nous avons voulu
de la sorte, disait-il lui-même, témoigner notre préoccupa-
tion d'initier « les créatures que Dieu envoye sur terre en
» nostre Royaume, pays, terres et seigneuries de nostre
» obéissance, aux sacrements par luy ordonnez, et quand
» il lui plaist les rappeler à soy, leur procurer curieuse-
» ment les autres sacrements pour ce instituez, avec les
» derniers honneurs de sépulture. »

Cet édit devait être lu, de trois en trois mois, par les
curés ou leurs vicaires aux prônes des messes paroissiales.
Plus tard, une déclaration du 25 février 1706, renouvela
cette prescription, dont l'accomplissement avait fait, dans
le passé, l'objet de quelques doutes, et lui restitua sa vigueur primitive.

Ainsi, une première mesure avait été prise pour protéger
dès le sein de sa mère le salut spirituel et temporel de
l'enfant.

Ce ne fut pas tout. La mère, qui s'était conformée à cette

règle avait contre son séducteur, s'il oubliait ses devoirs, un double recours.

Elle pouvait, en effet, l'actionner à son choix, au criminel, par une plainte en *gravidation*, ou intenter contre lui une action civile en dommages-intérêts.

La plainte en *gravidation* fut réglée par une ordonnance de 1670 (1).

On contraignait, au début, le père désigné, à se marier avec celle qu'il avait rendue mère, s'il ne voulait être pendu. Plus tard, on revint sur cette première rigueur, et un arrêt du Parlement de Paris, du 18 janvier 1769, rapporté par Servan, condamna seulement le séducteur aux frais de l'accouchement, à l'entretien de l'enfant, et à des dommages-intérêts envers la mère (2).

L'action civile était régie par un usage ancien, que le président Favre formula au XVᵉ siècle dans ces termes bien connus : « *Creditur virgini dicenti se ab aliquâ cognitam* » *et ex eo prægnantâm esse : meretrici, non item, quan-* » *quam si constet habitâsse meretricem cum eo, a quo se* » *dicit cognitam, locus esse potest condemnationi fidu-* » *ciariæ* (3). »

D'autre part, Cochin nous apprend, en rapportant l'ordonnance de 1539 prescrivant la tenue par le clergé de registres d'état civil, que « si des père et mère négligent de » faire baptiser un enfant sous leur nom, s'ils ne veulent » pas le reconnaître pendant son enfance, leur inhumanité » ne peut faire préjudice à la vérité de son état : il doit tou- » jours être admis à faire preuve de sa filiation, et la preuve » par témoins est la seule dont il puisse tirer quelques » éclaircissements (4). »

Ainsi, dans le principe, le témoignage de la mère faisait

---

1) Loiseau, *Traité des Enfants naturels,* p. 63.
(2) *Œuvres choisies,* édition de 1825, t. I. p. 383, *en note.*
(3) *Codicis Fabriani,* lib. IV, tit. XIV, def. XVIII.
(4) *Œuvres choisies,* 1773, t. I, p. 13.

contre le séducteur, surtout s'il avait été donné dans les douleurs de l'enfantement, preuve complète de sa paternité. Les critiques les plus vives n'ont point manqué à cette règle, qu'on a taxée vingt fois de scandale et de légèreté. On l'aurait moins accusée si on l'eût mieux comprise. En effet, deux restrictions importantes en avaient limité l'application, et sont nécessaires à connaître pour établir son véritable sens.

En premier lieu, si le témoignage de la jeune fille honnête, de la vierge victime d'une première séduction, était accueilli lorsqu'il était donné sous la foi du serment, il n'en était point ainsi pour la femme dissolue, dont les mœurs, depuis longtemps perdues, n'offraient plus les mêmes garanties de sincérité. Celle-ci devait, en effet, corroborer sa déclaration par la preuve d'une cohabitation corrélative, au temps de la conception : *creditur virgini, non meretrici.*

Comprise de la sorte, disait l'avocat général Servan, qui s'en fit pourtant dans son temps l'adversaire convaincu, cette maxime « pouvait convenir à son siècle sans convenir
» au nôtre. Dans un siècle où le peuple a conservé ses
» mœurs, peut-être on pourrait se confier à la déclaration
» d'une jeune fille et j'aurais aussi condamné Manlius, dont
» on vous a tant parlé, sur la seule déposition d'une fille qui
» touchait au temps des Lucrèces ! Temps vertueux ! siècle
» des mœurs ! Allez, allez, gardez vos histoires : elles
» nous paraîtront des fables et le moment de jurer sur la foi
» d'une fille est bien loin de nous (1). »

« Heureux temps, s'écriait récemment une voix élo-
» quente, que celui où de telles maximes sont acceptées
» par l'opinion qu'elles traduisent ! Heureux les peuples
» dont la moralité se reflète dans de si candides doctrines,
» et plus heureux encore les juges qui peuvent se contenter
» de ces naïfs témoignages...

---

(1) *Œuvres choisies,* t. I, p. 414.

« Il ne fallait rien moins que l'éloquence de Servan, je
» me trompe, quelque chose de plus fort que l'éloquence,
» une profonde et visible décadence des mœurs pour
» obliger les tribunaux à plus de défiance, pour faire sus-
» pecter la déclaration d'une jeune fille-mère, poursuivant,
» au hasard, une paternité souvent équivoque pour elle-
» même (1). »

Reconnaissons donc que nous sommes trop vicieux pour
supporter cette règle ; mais, n'accusons pas les siècles qui
eurent assez de vertu pour la pratiquer !

La seconde restriction avait été établie au profit de
l'homme marié que ne pouvait atteindre une déclaration de
paternité adultérine.

Rien de plus logique ; quand on accordait une pareille
confiance au témoignage de la fille-mère, c'était le moins
qu'on fît aux époux engagés par des serments réciproques,
l'honneur d'une présomption de fidélité.

D'autre part, quelle indulgence méritait, en pareil cas,
la femme qui ne pouvait invoquer comme excuse la perspective d'un mariage qu'elle savait impossible ? « On ne
» présume point aisément, poursuivait Servan, qu'une fille
» se soit abandonnée à un homme marié, dont elle ne peut
» attendre qu'un affront sans remède. D'un autre côté,
» on ne présume point qu'un homme marié aille chercher,
» dans la débauche, des plaisirs qu'il peut goûter avec in-
» nocence (2). »

Le président Favre développe lui-même ces deux exceptions.

« L'on doit raisonnablement, dit M. Morelot, commen-
» tant ses paroles, ajouter foi à la déclaration d'une jeune
» fille qui en est à sa première faute et n'a fait que céder
» à l'entraînement de la passion, alors que, contrainte par

---

(1) Conclusions de M. Baune, avocat général près la Cour de Dijon
(*Gazette des Tribunaux*, 11 février 1874).

(2) *Œuvres choisies*, t. I, p. 397.

» une loi inhumaine de police à confesser sa honte, elle
» signale en même temps, d'une voix timide et la rougeur
» au front, celui qui peut et doit lui rendre l'honneur par
» un mariage promis sous la foi du serment : *creditur vir-*
» *gini.* Mais cette femme est-elle de mœurs légères, ou
» a-t-elle, comme on dit, jeté plus ou moins son bonnet par
» les fenêtres, on ne la croira pas sur sa parole : *non item*
» *meretrici.* Son témoignage suspect devra, pour inspirer
» quelque confiance, être confirmé par la notoriété d'une
» fréquentation habituelle : *nisi constet cum eo cohabitasse.*
» Bien plus, on rejettera de prime abord la déclaration de
» grossesse contre un homme marié ; l'on n'admettra pas
» comme certain un odieux adultère, sur l'impudique dé-
» claration d'une femme qui serait complice du crime, et ne
» pourrait s'excuser par l'espoir d'un mariage qu'elle savait
» impossible. La bonne harmonie à maintenir, un funeste
» désordre à prévenir dans une famille légitime, sont un
» intérêt d'ordre public qui doit l'emporter dans la balance
» de la justice humaine, sur l'intérêt privé de l'enfant,
» même né d'une mère qui ne serait pas moins coupable
» que le père prétendu : *non creditur mulieri juranti, se*
» *cognitam a conjugato, ne turbetur matrimonium et accu-*
» *satio adulterii unius testimonio alioquin suspectissimo,*
» *perficiatur* (1). »

Telle était dans sa réalité, la règle formulée par le président Favre. Dès le XVIIe siècle, les Parlements durent en
modifier l'application. D'une part, en effet, la seule déclaration de la femme ne fut plus considérée comme suffisante
pour faire preuve complète de la paternité (2). A cette in-
dication devaient venir se joindre des présomptions graves,
telles qu'une fréquentation suivie, l'habitude de rapports
intimes, ou d'autres circonstances de même nature. C'est

---

(1) *Codicis Fabriani,* lib. IV, tit. XV, def. XLIX. — Morelot, *De la recon-*
naissance des enfants illégitimes, p. 260.
(2) *Voyez Papou,* liv. XXII, tit. IX, arrêt 21.

ce qui ressort avec netteté de trois arrêts solennels du Parlement de Paris, de 1723, 1733 et 1769.

« Ainsi, il est reconnu en principe, dit l'ancien Denizard (1), que la réunion des deux présomptions, c'est-à-dire, de la déclaration de grossesse et des familiarités révélatrices du commerce charnel, constitue la preuve sur laquelle il est permis de se décider ; qu'une seule, quelque forte qu'elle paraisse, est insuffisante. »

D'autre part, le fait pour le père désigné, d'être engagé dans les liens du mariage ne fut plus pour lui une défense suffisante contre les recherches de paternité. Il restait soumis au droit commun, en matière de preuves.

Dans le dernier état de l'ancienne jurisprudence, la déclaration de grossesse pouvait donc être dirigée contre tout homme marié ou non, mais à la condition d'être corroborée par des présomptions graves et probantes.

C'était bien ramener les recherches de paternité, à ce mode de « preuves ordinaires et légales » que réclamait l'avocat général Servan.

Cependant, un des premiers soins de la Convention fut de réformer ce point de la législation. Elle s'y porta avec une ardeur fiévreuse et commença par proclamer l'égalité complète des enfants naturels et des enfants légitimes. L'article 8 du décret du 12 brumaire an II, ajoutait que les bâtards seraient admis à établir leur filiation par possession d'état. « Cette preuve, disait l'article, ne pourra résulter que de la représentation d'écrits publics ou privés du père, ou de la suite des soins donnés à titre de paternité et sans interruption, tant à leur entretien qu'à leur éducation. » C'était une première restriction.

Le Code de 1804 devait bientôt renchérir sur cette sévérité et poser le principe de l'interdiction absolue de toute recherche en dehors d'une reconnaissance authentique. Tous

---

(1) V° *Grossesse*, t. I, p. 446.

les orateurs, ou presque tous, furent unanimes sur ce point.
Les uns, comme Tronchet, Bigot de Préameneu et le tribun Lahary, invoquèrent à l'appui de leurs opinions le
souvenir des scandales qui avaient affligé les siècles précédents.

« Rien de plus fréquent autrefois, disait ce dernier,
» dans son rapport au Tribunat, le 19 mars 1803, que ces
» audacieuses réclamations d'état dont on assiégeait de
» toutes parts les tribunaux. Que de femmes impudentes
» osaient publier leurs faiblesses, sous prétexte de recou-
» vrer leur honneur ! Combien d'intrigantes, nées dans la
» condition la plus abjecte, avaient l'inconcevable hardiesse
» de prétendre s'introduire dans les familles les plus distin-
» guées, et surtout les plus opulentes ! On peut consulter à
» cet égard le recueil des *Causes célèbres*, et l'on ne saura
» trop ce qui doit étonner davantage, ou de l'insuffisance
» de nos lois sur cet important objet, ou de la témérité de
» ceux qui s'en faisaient un titre pour égarer la justice et
» troubler la société (1). »

Les autres signalaient la difficulté presque insurmontable
d'arriver en pareille matière à une preuve certaine :

« La nature ayant dérobé ce mystère à la connaissance
» de l'homme et de ses facultés morales et physiques, disait
» M. Duvergier au Tribunat, le 23 mars suivant, aux per-
» ceptions les plus subtiles de ses sens, comme aux recher-
» ches les plus pénétrantes de sa raison, et le mariage
» étant établi pour donner à la société, non pas la preuve
» matérielle, mais à défaut de cette preuve, la présomption
» légale de la paternité, il est évident, lorsque le mariage
» n'existe pas, qu'il n'y a plus ni signe matériel, ni signe
» légal; il n'y a plus rien qui fasse supposer même la fiction
» conventionnelle sociale. La paternité reste ce qu'elle était
» aux yeux de la loi comme aux yeux de l'homme : un mys-

---

(1) Locré, *Lég. civ. de la France*, t. VI, p. 267.

» tère impénétrable, et il est en même temps injuste et
» insensé de vouloir qu'un homme soit convaincu malgré
» lui, d'un fait dont la certitude n'est ni dans les combinai-
» sons de la nature ni dans les institutions de la société (1). »

Il fut donc convenu que toute recherche judiciaire de paternité serait impitoyablement prohibée.

M. Defermon, au Conseil d'Etat, avait demandé si, tout en maintenant la rigueur du principe, aucuns dommages-intérêts ne pourraient être accordés à la mère et à l'enfant, en cas de séduction. « Une fille bien née, disait-il, peut
» avoir une faiblesse : elle peut avoir succombé à la séduc-
» tion. L'équité permet-elle de la laisser sans secours ? »

« L'usage de cette action était autrefois scandaleux et
» arbitraire, répondit M. Thibeaudeau. Les lois qui y ont
» mis un terme ont servi les mœurs (2). »

Le Conseil écarta cette proposition.

Celle de faire exception au principe, dans le cas d'enlè-vement, lorsque l'époque de la conception coïnciderait avec le temps de l'enlèvement, fut elle-même l'objet d'une lon-gue discussion.

On la rejeta d'abord, à cause de sa forme absolue. Cepen-dant, dans la séance du 13 brumaire an II, le Conseil d'Etat revint sur son vote et proposa de l'admettre, mais en laissant aux juges la faculté de se déterminer d'après les circonstan-ces et les probabilités de la cause.

L'exception fut admise sous cette forme, et le projet ainsi modifié devint l'article 340 du Code :

« *Article 340.* — La recherche de la paternité est interdite.
» Dans le cas d'enlèvement, lorsque l'époque de l'enlève-
» ment se rapportera à celle de la conception, le ravisseur
» pourra être, sur la demande des parties intéressées, dé-
» claré père de l'enfant. »

---

(1) *Locré, loc. cit.,* p. 329.
(2) *Id.,   id.,*   p. 122.

Toute notre législation en matière de recherche de paternité est aujourd'hui dans ces quelques lignes.

Elle peut se résumer ainsi :

Il n'y a pour l'enfant naturel qu'un moyen de revendiquer vis-à-vis de ses auteurs les droits résultant de sa filiation, c'est la production d'une reconnaissance émanée de ceux auxquels il l'oppose.

Cette reconnaissance peut être faite, dans l'acte même de naissance, ou à défaut, dans un acte authentique (art. 334).

L'authenticité a pour objet d'assurer la conservation de l'acte dans des archives publiques et la liberté de ceux qui y figurent. Elle est exigée à peine de nullité.

Est nulle en conséquence, toute reconnaissance insérée dans un testament olographe (1) ou même mystique (2) ; à plus forte raison, celle qui résulterait d'une simple lettre missive.

La reconnaissance ne peut avoir lieu au profit des enfants nés d'un commerce incestueux ou adultérin (art. 335).

Elle doit émaner du père ou de la mère à qui on l'oppose, sans que la désignation de l'un par l'autre, puisse être prise en considération par le juge (art. 336).

Le père aurait même le droit de demander, avec dommages-intérêts, la suppression de son nom donné par la mère à un enfant naturel non reconnu (3).

En dehors de ce mode de preuve, la filiation naturelle ne peut pas plus être établie contre l'enfant que par lui. La règle est absolue.

L'article 340 admet cependant, par exception, la preuve judiciaire de la paternité naturelle contre le ravisseur, lorsque l'époque de la conception coïncide avec celle de

---

(1) Req. 7 mai 1833 — Rouen, 30 juin 1817, et autres arrêts rapportés par Dalloz, *Jurispr. Gén.* v° *Paternité et Filiation*, n° 539.

(2) Dalloz, *loc. cit.* n° 541.

(3) *Idem*, n° 601.

l'enlèvement. Les juges, nous l'avons dit tout à l'heure, ont dans ce cas un pouvoir discrétionnaire absolu.

On étend généralement la disposition de cet article du cas de rapt à celui de viol, à raison de l'analogie qui les rapproche (1).

Mais, c'est une question beaucoup plus discutée, que de savoir si elle doit être appliquée à l'enlèvement par séduction, quoique de nombreuses autorités se soient prononcées pour l'affirmative (2).

En dehors de la reconnaissance et de la recherche toute exceptionnelle autorisée par l'article 340, la loi n'indique aucune autre preuve de la filiation naturelle.

On s'est demandé dans ce silence, si la possession d'état, admise en matière de filiation légitime, pouvait être invoquée dans notre matière. La négative avait tout d'abord et presque unanimement prévalu.

En effet, disait-on, ou la possession d'état est invoquée comme *reconnaissance*, et dans ce cas, l'article 334 la repousse en déclarant que toute reconnaissance doit être administrée en la forme authentique ; ou elle sert de point de départ à une véritable *recherche*, et c'est alors l'article 340 qui l'écarte.

Depuis quelque temps cependant, de puissantes autorités se sont attachées au système contraire. MM. Demolombe et Valette, entre autres, ont sontenu, que la possession d'état avait le double avantage d'une précision qui excluait l'incertitude, et d'une publicité qui ne laissait aucune prise au scandale ; qu'elle devait par suite être admise en première ligne des preuves de la filiation naturelle. Ils ajoutent qu'elle a sur toutes les autres, le privilége d'établir tout à la fois la reconnaissance du père et l'identité de l'enfant.

La jurisprudence cependant persiste dans son premier

---

(1) **Dalloz**, *loc. cit.* n° 605.
(2)   *Id.*,   *lor. cit.* n° 603.

système. Nous citerons, en particulier, deux arrêts de Cassation, des 13 mars 1827 (1) et 10 février 1847 (2), et un autre plus récent de la Cour de Lyon, du 20 avril 1853 (3), sur la recevabilité de la preuve par possession d'état, dans le rapport de la mère (4).

Toutefois, en ce qui la concerne, la preuve de la filiation peut être faite par témoins, lorsqu'il existe un commencement de preuves par écrit (art. 341).

« Combien une telle loi, disait le tribun Lahary, aurait
» puissamment influé sur nos mœurs, il y a un demi-siècle !
» Et pourquoi faut-il que nous ayons à regretter qu'elle
» n'ait été promulguée que de nos jours ! Mais quoique
» tardive, elle n'en n'opère pas moins les heureux résultats
» qu'on doit en attendre, puisque l'effet des bonnes lois
» est d'amener insensiblement les bonnes mœurs (5). »

M. Malleville était peut-être plus près de la vérité, lorsqu'il ajoutait : « Il n'est pas constant que depuis ces lois,
» les filles soient devenues plus chastes (6). »

---

(1) Dall. *loc. cit,* n° 558.
(2) Dall. 1847 — 1, 49.
(3) Dall. 1854 — 2, 186. — *Jurispr. gén.,* *loc. cit.* n°' 645 et suivants.
(4) Dall. *loc. cit.* n°' 647 et suivants.
(5) Locré, *Lég. civ. de la France,* t. VI, p. 267.
(6) *Idem,* p. 122,

CHAPITRE II.

MARCHE ET PROGRÈS DE LA JURISPRUDENCE.

La législation que nous venons d'exposer sacrifiait trop d'intérêts dignes de respect pour que la jurisprudence ne travaillât pas dès le principe à en adoucir la rigueur. Sans doute, en face de la précision de l'article 340, l'enfant aurait vainement tenté de franchir le cercle fatal dans lequel une excessive sévérité l'avait enfermé. Du moins, sa mère, victime d'une séduction dolosive, dupe de promesses mensongères, ne trouvait-elle pas dans quelque article de nos lois, le principe d'une action réparatrice contre celui qui avait abusé de sa naïve confiance? En d'autres termes, la séduction réprimée jadis par la législation pénale elle-même ne pouvait-elle pas donner lieu encore aujourd'hui à une action civile en dommages-intérêts? Cette question se posa dès le lendemain de la promulgation du Code. Elle s'est depuis, et sous des formes variées, fréquemment représentée devant les tribunaux, où elle a reçu des solutions diverses. Nous allons examiner rapidement les phases successives de cette jurisprudence et les tempéraments légaux qu'elle est susceptible d'apporter à notre loi présente.

I. — Et d'abord, il ne paraît pas douteux qu'en principe, la séduction puisse donner ouverture contre son auteur à une action en dommages-intérêts.

Quand je parle de séduction, je suppose une série d'actes

captieux et mensongers destinés à surprendre le consentement, et non l'abandon volontaire. Ainsi entendue, elle n'est qu'une variété du dol, la plus coupable de toutes, puisqu'elle s'attaque à l'honneur même de la femme. En effet, elle consiste à exploiter, par des artifices plus ou moins calculés, l'inexpérience ou la misère d'une jeune fille pour lui arracher le plus immoral des contrats et consommer dans la ruine de sa vertu, la satisfaction d'une passion barbare et déshonnête. Avec ce caractère, elle devient un véritable quasi-délit, et le moins qui puisse en résulter pour son auteur, c'est d'être tenu à en réparer les suites.

Cette obligation d'ailleurs, résulte clairement du principe général de l'article 1382. Si en effet, la séduction est une faute, comme il serait superflu de le démontrer après ce que nous venons de dire, et si un préjudice en résulte pour la victime, elle aura le droit incontestable d'en poursuivre la réparation.

La loi se trouve sur ce point, d'accord avec le bon sens et la morale.

Je sais bien que pour faire disparaître ce caractère délictueux, on objecte la réciprocité du consentement, incompatible, dit-on, avec une responsabilité unilatérale : « Il » est si difficile, disaient les législateurs de septembre 1791, » à cette époque de la vie, où, la précocité du sexe s'ajoute » à une excessive sensibilité, de démêler l'effet de la sé- » duction de l'abandon volontaire ; quand les atteintes por- » tées au cœur peuvent être réciproques, comment dis- » tinguer le trait qui l'a blessé? Comment reconnaître » l'agresseur dans un combat où le vainqueur et le vaincu » sont moins ennemis que complices? »

Que cela soit vrai pour quelques cas, je le veux bien : mais il en est d'autres où le séducteur est facile à discerner et où les faits l'accusent d'une façon invincible. C'est de

---

(1) Dijon, 18 janvier 1874, *Gazette des Tribunaux*, 11 février 1874.

ceux-là que nous voulons parler. Sans doute, même ici, la victime n'est point absolument innocente, puisqu'elle a consenti.

Mais ce consentement est tellement égaré, que le séducteur doit, à juste titre, en porter la responsabilité presque entière. Au cas de dol, la volonté existe bien aussi ; il y a accord des deux parts. Toutefois la loi a cru devoir protéger celui qui a été dupe d'un plus fort ou d'un plus habile. C'est la même chose ici. La sollicitation au mal, secondée par le mensonge et la fraude, n'appelle pas une moindre répression.

« Le crime d'avoir démoralisé la mère de l'enfant, disait » le Premier Consul dans la séance du 26 brumaire an x, » en conseil d'Etat, doit être réparé par une condamnation » pécuniaire (1). »

Ainsi, aucun doute. En principe, la séduction autorise de la part de la femme une action en dommages-intérêts contre le séducteur.

Nous ne connaissons pas un arrêt qui ait contredit ce point de départ, sous la formule générale que nous venons de lui donner.

Descendons aux détails.

II. — Le procédé le plus habituel de séduction consiste à faire miroiter aux yeux de la femme dont on veut abuser, la perspective d'une union régulière qu'on se refuse ensuite à contracter. L'abandon d'un instant paraît si excusable à la passion, et l'on persuade si aisément, que le mariage viendra par la suite, s'il en est besoin, tout régulariser ! C'est de l'histoire de tous les jours.

Or, quel est en Droit, la valeur de ces promesses ?

On ne saurait songer à en soutenir un seul instant le caractère obligatoire. Tous les auteurs sont, en effet, d'accord avec les arrêts pour les déclarer nulles, comme con-

____

(1) Locré, *Législation civile de la France*, t. vi, p. 123.

traires à la liberté du mariage, et par suite, à l'ordre public (1).

III. — Mais du moins, s'il est prouvé qu'elles sont devenues, par suite de leur inexécution, l'occasion d'un préjudice réel, ne peuvent-elles pas donner lieu à une réparation pécuniaire? Et, par exemple, si elles ont été l'instrument essentiel de la séduction, la femme séduite, puis délaissée, n'a-t-elle pas au moins le droit de réclamer des dommages-intérêts à son séducteur?

Evidemment : à la double condition d'établir qu'elle a souffert un préjudice et qu'elle a été réellement victime d'une fraude sans laquelle elle n'eût point donné le consentement qui a consommé sa faute.

Ce que nous avons dit plus haut de la séduction en général, retrouve sa place ici, où nous ne faisons qu'en étudier le mode le plus fréquent et le mieux caractérisé. Des promesses aussi mensongères constituent, ainsi que nous l'avons dit, un véritable quasi-délit et obligent leur auteur, à une réparation sévère.

La jurisprudence est aujourd'hui fixée dans ce sens :

« Attendu, dit un jugement, où les principes nous ont
» paru nettement posés, que cette promesse quoique nulle
» en elle-même, peut dans certains cas occasionner un
» dommage à autrui et devenir la cause d'une action utile
» en réparation de ce dommage, parce que l'action ne naît
» pas alors de la validité de la promesse, mais de l'obliga-
» tion générale imposée à celui qui fait le mal de le réparer;
» — Attendu, qu'au nombre des faits dommageables qui peu-
» vent résulter d'une promesse de mariage, on doit quel-
» quefois ranger la grossesse d'une fille qui a été séduite
» par l'espoir d'une union qui ne se réalise pas; mais que,
» pour qu'il en soit ainsi, il faut qu'il soit clairement dé-

______

(1) Trib. du Puy, 29 janvier 1869. (Dalloz, 1870 — 3, 12.)

» montré que la grossesse est le résultat direct de l'enga-
» gement de celui qui a promis le mariage (1). »

On peut encore consulter dans le même sens deux arrêts de Cassation, des 25 mars 1845 (2) et 26 juillet 1864 (3), et de nombreux arrêts de Cours d'appel (4).

C'est aussi l'opinion de Larombière (*Traité des Obligations*, t. III p. 5); Demolombe, (t. III, n° 30); Massé et Vergé, (t. I, § 117, notes 4, 7, 8) et Dalloz (*Jurisprudence générale*, v° *Responsabilité*, n° 160).

D'après Loiseau (5), le séducteur serait bien tenu vis-à-vis de celle qu'il a séduite, d'une obligation naturelle de réparer pécuniairement le préjudice causé. Mais il n'y aurait de sa part aucune obligation civilement exécutoire.

Ce système est aujourd'hui presque généralement abandonné.

Ainsi, la promesse de mariage employée comme moyen de séduction, peut motiver en cas d'inexécution, la condamnation du séducteur; à une double condition, avons-nous dit.

La femme, en effet, devra établir :

1° Qu'elle a été victime de manœuvres dolosives et frauduleuses, où sa bonne foi a succombé.

2° Qu'elle a véritablement éprouvé un préjudice.

Examinons successivement ces deux points.

IV. — La première preuve à faire est d'abord celle de la séduction. Il ne suffirait pas, en effet, que sous une pression plus ou moins passionnée, la femme ait cédé à l'entraînement d'un instant pour venir ensuite se poser en

---

(1) **Trib. du Puy**, 29 janvier 1869 — *loc. cit.*

(2) Dall. 1845 — 1, 177.

(3) Dall. 1864 — 1, 347.

(4) Colmar, 31 décembre 1863 (Dall. 1865 — 2, 22). Trib. d'Auxerre, 15 juillet 1863 (Dall. *idem*). Grenoble, 18 mars 1864 (Dall. *idem*).

(5) *Traité des Enfants naturels*, p. 401.

victime, et réclamer le prix de sa vertu perdue ; ce serait véritablement alors le *pretium stupri* qui indigne, si justement d'ailleurs, les adversaires de l'opinion que j'expose. Ce que la loi a entendu protéger, c'est l'inexpérience abusée, la misère exploitée : ce qu'elle a voulu punir, c'est la violence morale, le mensonge calculé et réfléchi. De là plusieurs conséquences :

1° La séduction devra être établie d'une façon précise et certaine. Donc, s'il n'y a pas d'une part, manœuvres dolosives pour extorquer le consentement (1) ; s'il y a eu de l'autre, volonté libre et réfléchie (2), toute responsabilité disparaît. A chacun le poids de sa faute.

De même, si la cohabitation a duré de longues années, de telle sorte que, de cette prolongation, les juges puissent inférer un acquiescement de la part de la femme, son action ne sera pas recevable (Caen , 6 mars 1850) (3).

Toutefois on a jugé, avec raison, qu'il pourrait se présenter tel cas, où cette circonstance, au lieu de faire disparaître la responsabilité du séducteur, pouvait au contraire l'aggraver, lorsque, durant cet intervalle de temps par exemple, la femme n'avait pu, malgré ses efforts, se soustraire à sa domination et à la tyrannie de son empire (Caen, 10 juin 1862) (4).

Dans cette dernière espèce, l'une des plus célèbres de la matière, il s'agissait d'une jeune fille de quatorze ans, séduite par un homme marié, riche, plus âgé qu'elle de vingt ans, et dont elle avait eu six enfants. Là, la séduction était palpable. La responsabilité ne pouvait être écartée.

---

(1) Angers, 2 décembre 1868 (Dall. 1869 — 2 , 241). Dijon, 18 janvier 1874 *(Gaz. des trib.*, 11 février 1874).

(2) Bastia, 28 août 1854 (Dall. 1856 — 2, 16). Req. 10 mars 1808 (Sirey, 1808-1, 231). Trib. de Lyon, 6 janvier 1866 — Trib. du Puy, 29 janvier 1869 (Dall. 1870 — 3, 12).

(3) Dall. 1855 — 3, 389 .

(4) Dall. 1862 — 2, 129.

L'âge, la moralité, le degré d'éducation de celle qui se prétend victime sont les principaux éléments susceptibles d'éclairer la religion du juge, sur ce premier point.

Enfin, dans le doute, il suspendra la condamnation, et ainsi se trouve écartée l'objection tirée de l'incertitude d'une pareille nature de preuves.

2° La promesse de mariage devra avoir été la cause directe et déterminante de l'abandon. Ainsi, il va sans dire que si elle avait suivi les premières relations, au lieu de les précéder, elle ne pourrait plus être invoquée par la femme (1).

3° Nous parlons toujours de promesses de mariage, parce que, comme nous l'avons dit, c'est le cas le plus ordinaire. Mais il va de soi que si la séduction s'était exercée par quelque autre moyen qui lui gardât son caractère délictueux, elle engendrerait les mêmes conséquences.

« Les surprises, les manœuvres indignes, l'exploitation
» de l'ignorance, de la dépendance et de la misère, comme
» celle de la corruption de l'entourage des familles elles-
» mêmes, ont-elles disparu de l'arsenal des séducteurs? (2) »

Toutes ces circonstances pourront être prises en considération par le juge. Il faut, toutefois, convenir qu'en dehors d'une promesse de mariage, la bonne foi de la femme sera plus difficile à admettre, parce qu'elle aura pu être moins aisément trompée.

Nous venons de dire quels caractères de précision et de pertinence doit présenter la preuve de la séduction pour être accueillie en justice; il nous reste à dire dans quelle forme et sous quelles conditions elle peut être administrée.

On a soutenu que la femme devait, préalablement à toute démonstration, justifier de l'existence d'une promesse de mariage ou, du moins, produire un commencement de

---

(1) Dijon, 20 déc. 1867 (Dall. 1868 — 2,48).
(2) Thomine-Desmazures. — (Dall. 1862 — 2, 129.)

preuve par écrit rendant vraisemblable l'existence de cette promesse. Cette garantie, dit-on, est due à l'honneur des familles et aux mœurs publiques. « En proclamant cette loi, » le législateur, dit un arrêt, a eu principalement en vue » de bannir du sanctuaire de la justice, des contestations » toujours scandaleuses et qui, pour la plupart, n'ont leur » fondement que dans des passions individuelles (1). »

C'est dans ce sens que se sont prononcées les Cours de Grenoble (2) et de Rennes (3). La Cour de Paris, tout en posant le même principe, semble pourtant reconnaître que de simples présomptions graves, précises et concordantes, suffiraient pour rendre la preuve admissible (4).

Mais ce système ne me paraît pas devoir être consacré. Je le comprendrais, si la femme venait demander l'exécution d'un contrat, d'une promesse valablement consentie. Elle serait alors soumise aux règles générales sur la preuve en matière d'obligation. Mais ici, il ne peut s'agir ni d'un contrat que la loi prohibe, ni d'une promesse qu'elle annule. De tous les agissements du séducteur, ce qui reste aux yeux de la loi, c'est un quasi-délit à réparer; or, en matière de quasi-délit, la preuve est absolument libre (art. 1348, Cod. Nap.) et tous les modes sont admis. On ne conteste pas que le dol puisse être établi, même par la preuve testimoniale, en matière de contrats : il doit en être de même ici, la séduction, nous l'avons dit, n'en étant qu'une variété.

C'est, en ce sens, que s'exprime très-pertinemment l'annotateur des arrêts que nous venons de rapporter (5).

---

(1) Cass. 14 mai 1811 (Sirey, 1811, p. 347).
(2) 18 mars 1864 (Dall. 1864 — 2, 22).
(3) 11 avril 1866 (Dall. 1866 — 2, 184).
(4) 19 janv. 1865 (Dall. 1865 — 2, 23).
(5) Dall. 1865 — 2, 21, en *note*. Voyez aussi un jugement du tribunal de Valence en date du 30 juin 1863 (Dalloz 1865 — 2, 22); Montpellier, 10 mai 1851 (Dall. 1853 — 2, 178).

V. — Mais il ne suffit pas de prouver la séduction. L'intérêt étant la mesure de l'action, la femme doit, en outre, établir qu'elle a subi un préjudice, dont l'étendue servira à déterminer le chiffre de l'indemnité.

Ce préjudice pourra résulter, suivant les cas, de la perte de considération, du scandale provoqué par le séducteur, de la publicité donnée par lui aux relations qui auront été la suite de la séduction, des dépenses extraordinaires occasionnées par la perspective d'un mariage prochain. Dans tous ces cas, aucun obstacle sérieux. Ce sont autant de faits dont la preuve est licite et ne viole aucun texte de loi. Il suffira que le préjudice soit susceptible d'une appréciation pécuniaire. Ainsi, il a été jugé que le dommage résultant pour l'honneur d'une jeune fille, de ce que son séducteur se serait vanté d'avoir abusé d'elle, a pu donner lieu à des dommages-intérêts contre lui (1).

De même l'indemnité « doit comprendre tout à la fois et » les pertes matérielles actuellement réalisées, et celles » qui seront la conséquence nécessaire du tort fait à la ré- » putation, telle que l'impossibilité de se procurer un éta- » blissement ou d'exercer un état à l'aide duquel on aurait » été mis à portée de pourvoir à ses besoins (2). »

Mais, le plus souvent, on se fondera, pour établir le préjudice résultant de la séduction, sur la grossesse de la femme et la naissance d'un ou de plusieurs enfants. Outre qu'une pareille circonstance jette sur elle et sur son avenir la déconsidération, elle devient en même temps, la source de frais inévitables et d'un surcroît de besoins. C'est précisément un des griefs qu'on invoque pour condamner l'irresponsabilité formulée par l'article 340. Mais ici se présente une difficulté sérieuse. En effet, prouver qu'une femme est devenue enceinte des œuvres d'un individu déterminé, et

---

(1) Crim. rej., 5 mai 1832 (Dalloz, v° *Responsabilité*, n° 158 et suiv.).
(2) Caen, 6 juin 1850 (Dall. 1855 — 2, 178).

que de leurs relations est né un enfant à l'entretien duquel il doit pourvoir dans le rapport de la mère qu'il a séduite, c'est en réalité, dit-on, aboutir à une véritable recherche de paternité, interdite par nos lois. Une demande ainsi formulée doit, dès lors, être impitoyablement rejetée.

Pour bien discuter cette délicate question, il convient d'abord de la décomposer.

Dans certains cas, en effet, le séducteur se sera formellement engagé à nourrir l'enfant. Une lettre, un projet de testament remis à la mère, puis rétracté ; une reconnaissance sous seing privé, porteront la trace de cet engagement. Nous ne croyons pas qu'alors il soit sérieusement possible d'en contester la validité. Ce que, dans ce cas, on demande à prouver, ce n'est point, en effet, la filiation de l'enfant, ni la paternité du séducteur ; c'est l'obligation par lui contractée de pourvoir à l'entretien d'un être dont la parenté importe peu, dès lors qu'il s'est lié vis-à-vis de lui par un lien de droit. C'est l'existence d'une dette alimentaire, librement consentie, et dès lors civilement exécutoire. Non-seulement une pareille démonstration diffère dans le nom et dans la forme d'une recherche de paternité ; mais elle ne présente aucun de ses caractères, ni la difficulté et l'incertitude de la preuve, ni les scandales dont elle peut être l'occasion. C'est une simple question d'exécution de contrat. De plus, au cas de paternité légalement établie, l'obligation de fournir les aliments découle de la loi, fatalement, la même pour tous ; ici, au contraire, elle prend sa source dans les conventions des parties, qui en règlent l'application à leur gré.

Toute la question, dans ces termes, se réduit à celle-ci : y a-t-il eu ou non promesse d'entretenir et d'élever l'enfant? J'ajoute qu'absolument légal en droit, un pareil engagement devient, en fait, plus moral encore et n'est que l'accomplissement d'une obligation naturelle, sacrée entre toutes ; sauf, bien entendu, le droit d'en poursuivre la nullité, en cas de captation, de violence ou de dol.

C'est ce qui a été bien souvent décidé par la jurisprudence, et notamment par un arrêt de cassation du 27 mai 1862 (1).

« Si, en principe, l'inexécution d'une promesse de mariage ne peut donner lieu à des dommages-intérêts, dit
» dans le même sens un arrêt de Bordeaux, il cesse d'en
» être ainsi lorsqu'il est certain que cette promesse a été
» employée comme moyen de séduction sur une jeune fille
» dont la grossesse est l'œuvre de l'auteur de la promesse,
» et spécialement que les tribunaux peuvent, en procédant
» avec une grande réserve, accorder des dommages-inté-
» rêts à la fille délaissée, lorsque, dans des lettres à elle
» adressées, l'auteur de la promesse de mariage *a reconnu*
» *qu'il n'a triomphé de sa résistance qu'en lui promettant*
» *de l'épouser et s'est engagé à réparer sa faute* (2). »

M. Demolombe (t. V, n° 426) combat cette opinion, en se fondant sur les prohibitions de l'article 340. La cause d'un pareil engagement, dit-il, qu'on en convienne ou non, réside en réalité dans la paternité de celui qui le contracte ; or, cette paternité ne résulte légalement que d'une reconnaissance authentique ; si donc elle ne peut être juridiquement établie, l'obligation qui en découle manque de cause, puisqu'en droit ce qui n'est pas prouvé est considéré comme n'existant pas, et devient nul à ce titre.

Nous ne saurions admettre cette conséquence. Une simple dette de conscience peut, en effet, suffire à la validité de l'engagement contracté pour son accomplissement.

---

(1) Dall., 1862 — 1, 208.

(2) Bordeaux, 23 nov. 1852 (Dall., 1856 — 2, 23). Dijon, 24 mai 1817. Req. 10 mars 1818; Agen, 9 nov. 1823; Montpellier, 7 déc. 1843; Bordeaux, 5 août 1847 (Dall., 1848 — 2, 97); *Id.*, 5 janv. 1848; Angers, 30 avril 1873 (Dall., 1873 — 2, 139), avec la dissertation en note ; Cass., 15 janvier 1873 (Dalloz, 1873 — 1, 181.) — Dalloz, *Jurispr. gén.*, v° *Paternité et filiation*, n° 672.

Qu'on suppose, d'ailleurs, un débat judiciaire. L'enfant ou sa mère n'auront qu'une chose à établir : non pas telle ou telle filiation, mais purement et simplement si celui qui fait l'objet de la poursuite a contracté l'obligation dont on réclame l'exécution, librement et croyant être le père de l'enfant. La cause sera par là suffisamment établie, et l'article 340 restera absolument hors de cause (1).

D'ailleurs, si on conteste à un pareil engagement la force d'une convention obligatoire, elle resterait toujours comme libéralité et ne saurait être, à ce titre, l'objet des mêmes critiques.

On ne peut davantage objecter qu'un pareil engagement serait une reconnaissance déguisée, nulle dès lors, comme manquant des formes prescrites par l'article 334. La reconnaissance, en effet, donne à celui qui en est l'objet un état civil, des droits successifs, indépendamment de la volonté de celui qui l'accomplit. Ici, au contraire, l'enfant ne peut rien réclamer en dehors de ce qui lui a été expressément promis.

Dans le cas, cependant, où le séducteur aurait seulement reconnu le principe de sa responsabilité sans fixer aucun chiffre, il appartiendrait aux tribunaux de déterminer l'étendue et la durée de l'*obligation alimentaire* par lui contractée (2).

Il va sans dire qu'un pareil engagement n'a pas besoin d'être pris dans la forme des donations entre-vifs. Le père ne donne pas; il acquitte une obligation naturelle (Paris, 16 février 1860) (3).

Il a même été jugé que, en l'absence d'une promesse écrite, la mère pourrait déférer au séducteur le serment

---

(1) Amiens, 7 juin 1842.

(2) Montpellier, 7 déc. 1843 (Dall., 1844 — 2, 122).

(3) Dall., 1860 — 5, 123 ; Cass., 15 janv. 1873 (Dall., 1873 — 1, 181); Angers, 30 avril 1873 (Dall., 73 — 2, 139).

décisoire sur la question de savoir s'il ne s'est pas engagé à pourvoir à son entretien et aux besoins de ses enfants (1).

VI. — Venons maintenant au cas, le plus fréquent, où le père n'aura pris aucun engagement écrit ou verbal. La mère peut-elle encore se fonder sur sa grossesse et sur la naissance d'un enfant, pour obtenir des dommages-intérêts ? C'est là, sans contredit, le côté le plus délicat du problème. En effet, d'une part, aux termes de l'article 1382, un pareil préjudice, nous l'avons dit, appelle une réparation. D'autre part, on ne peut se dissimuler qu'une telle démonstration ne soit, de quelque nom qu'on la colore, une véritable recherche de paternité et ne se heurte aux prohibitions de l'article 340. Aussi y a-t-il grande division sur ce point dans la jurisprudence et entre les auteurs.

Pour la négative, on peut citer deux arrêts de cassation des 5 nivôse an XII (2), et 26 mars 1806 (3).

« Attendu, dit ce dernier arrêt, qu'il résulte des divers
» articles de la loi du 12 brumaire an II, qu'à compter de la
» publication de cette loi, toute recherche de la paternité
» non reconnue est absolument interdite, non-seulement
» par rapport aux droits successifs, mais même relativement
» aux aliments pour l'enfant, aux frais de gésine et aux
» dommages-intérêts pour la mère, par la raison que la
» paternité étant un fait indivisible, un homme ne peut pas
» être père pour un cas et ne l'être pas pour un autre. »

Dans le même sens et pour des motifs analogues, on peut consulter : Cass., 3 ventôse an XI (4) ; 19 vendémiaire,

---

(1) Trib. du Puy, 29 janv. 1869 (Dall., 1870 — 3, 12).
(2) Sirey, 1804 — 1, 907.
(3) Sirey, 1806 — 1, 228.
(4) Sirey, an XI — 1, 672.

an vii (1) ; 4 octobre 1812 (2) ; Rouen, 18 février 1809 (3) ;
Cass., 14 mai 1811 (4) ; Paris, 18 juillet 1810 (5) ; Dijon,
24 mars 1817 (6) ; Rennes, 11 avril 1866 (7).

Au contraire, il faut citer pour l'admissibilité de la
preuve toute une jurisprudence récente, et encore trois
arrêts de Cassation, des 10 mars 1808 (8) ; 25 mars 1845 (9)
et 26 juillet 1864 (10).

« Attendu, est-il dit dans ce dernier, que l'arrêt attaqué,
» loin d'autoriser la recherche de la paternité adultérine a
» déclaré formellement, au contraire, que cette recherche
» serait positivement prohibée par la loi ; qu'il n'a fondé la
» condamnation prononcée, que sur le préjudice causé à la
» fille G. par le fait de L. et sur l'engagement par lui pris
» de le réparer ; que considérant cette cause d'obligation
» comme fondée sur l'article 1382 C. N., il a déclaré qu'on
» ne devait pas la rechercher dans des suppositions qui la
» rendraient nulle et contraire aux lois et aux bonnes
» mœurs ; d'où il suit que ledit arrêt n'a violé ni les articles
» 334, 335, 341 C. N. ni aucune autre loi. »

C'est là, en effet, le nœud de la difficulté. S'il apparait
du texte des arrêts que, en admettant la poursuite de la
mère, les juges se soient attachés, dans la forme, à la
question de paternité, leur sentence sera évidemment
sujette à un recours efficace de la part du père (11).

---

(1) Sirey, an vii — 1, 110.
(2) Sirey, 1812 — 1, 191.
(3) Sirey, 1809 — 2, 27.
(4) Sirey, 1811 — 1, 347.
(5) Sirey, 1810 — 2, 309.
(6) Sirey, 1817 — 2, 283.
(7) Dall. 1866 — 2, 184.
(8) Sirey, 1808 — 1, 499.
(9) Dall. 1845 — 1, 177.
(10) Dall. 1864 — 1, 347.
(11) M. Morelot (*De la Reconnaissance des Enfants illégitimes*, p. 272)
soutient que l'article 340 ne s'applique qu'au cas où l'enfant entend béné-

Nous la croyons au contraire parfaitement légale, et hors
de toute atteinte, lorsque, comme dans l'arrêt qui précède,
on a eu la précaution d'écarter ce qui peut rappeler l'article
340 pour ne retenir que des considérations de faits, extérieurement étrangères à la question d'état (1).

Tout sera donc subordonné à une forme de rédaction,
objectent les partisans du système adverse. Mais il est inad-
missible qu'un intérêt aussi grave puisse dépendre de détails
aussi puérils. Et d'ailleurs, la loi ne saurait autoriser que
l'on puisse faire indirectement ce qu'elle défend de faire
directement.

Nous répondons d'abord qu'ici la forme emporte le fond.
La jurisprudence nous en offre plus d'un exemple aujour-
d'hui incontesté : en matière de donation, par exemple, où
les avantages indirects sont maintenus, alors même que les
formalités prescrites pourtant, à peine de nullité pour la va-
lidation des libéralités entre-vifs, n'ont point été observées.

D'ailleurs, l'intérêt de la mère et de l'enfant est trop
directement et trop justement engagé pour qu'on ne l'ad-
mette pas facilement à se produire. Enfin, si l'on descend
dans un examen plus approfondi, on verra qu'il y a ici plus
qu'une distinction de forme.

« Autre chose, en effet, dit M. Demolombe, est la re-
» cherche de la paternité, formée par l'enfant ou en son
» nom, afin de faire constater la filiation et en obtenir les
» effets contre l'homme qu'il prétend être son père : autre
» chose, l'action en dommages-intérêts, formée par la
» femme pour la réparation du préjudice qui lui a été causé
» par un homme, sur la foi d'une promesse de mariage dont
» il s'est joué ensuite. Tous les éléments du fait peuvent alors

---

ficier de tous les avantages de la reconnaissance, et non point lorsqu'il se
borne à réclamer une simple pension alimentaire. Nous avons quelque
peine à admettre cette distinction qui ne nous paraît écrite nulle part, et
nous semble au contraire démentie par l'esprit du Code tout entier.

(1) Caen, 6 juin 1850; Montpellier, 10 mai 1851 (Dall. 1855 — 2, 178).

» être pris en considération, et par conséquent être admis en
» preuve, sans excepter le point de savoir, si celui qui
» oppose à la femme sa grossesse pour l'abandonner, n'en
» est pas lui-même personnellement l'auteur. Ces deux
» actions diffèrent sous ce double rapport : 1° Des person-
» nes qui y figurent ; dans l'une, l'enfant seulement sans la
» femme ; dans l'autre, au contraire, la femme seulement
» sans l'enfant. 2° Des intérêts qui s'y débattent ; la pre-
» mière ne concerne que l'état de l'enfant : la seconde, tout
» à fait indépendante de l'état de l'enfant, ne concerne que
» les dommages-intérêts de la femme. La première action,
» sans doute, est défendue par l'article 340 ; mais la seconde
» est permise par l'article 1382 (1). »

Cette conséquence avait bien été prévue et ratifiée lors
des travaux préparatoires du Code. En effet, on s'était demandé, dans le cas où la grossesse aurait été précédée
d'une promesse de mariage, s'il y aurait lieu de contraindre
son auteur à la réaliser. Non, répondit M. Régnier ; mais
*la circonstance de la grossesse augmentera les dommages-
intérêts, parce qu'on suppose qu'elle est l'effet de la promesse* (2).

La seule précaution à prendre, écrit M. Marcadé, « sera
» de laisser ici passer les faits sans leur donner leur quali-
» fication propre, d'admettre les choses en écartant les
» mots. Pleine latitude pour les choses que les juges exa-
» mineront et apprécieront dans tous leurs détails, pour
» attribuer consciencieusement à la victime toute la répara-
» tion qui peut lui être due, conformément à l'article 1382 ;
» extrême réserve dans les termes, de manière à ne rien
» écrire dans les pièces de la procédure, et surtout dans
» le jugement, qui contienne une attribution de paternité,
» l'article 340 ne le permettant pas. On parlera de la séduc-

____

(1) *Recueil des arrêts de la Cour de Caen*, t. XIV, p. 586.
(2) Locré, *Légis. civ. de la France*, t. VI, p. 124.

» tion de la fille par l'homme, des rapports intimes qui ont
» existé entre eux, de la perte de considération que cet
» homme a causée à la femme, de l'avenir dont il l'a privée,
» des préjudices qu'il lui a causés ; mais on aura soin de
» ne préciser nulle part que c'est lui qui l'a rendue mère,
» que c'est de ses œuvres qu'elle était enceinte, que c'est
» lui qui a été l'auteur de sa grossesse, attendu que de
» telles précisions ne sont autre chose que des affirmations
» de paternité (1). »

Voici un exemple à joindre aux recommandations qui pré-
cèdent :

« Attendu, dit un arrêt de Bastia (2), que d'après l'arti-
» cle 1382, tout fait quelconque de l'homme qui cause à
» autrui un dommage, oblige celui par la faute duquel il lui
» arrive à le réparer. — *Attendu que sans rechercher si*
» *l'enfant que la demoiselle F. a mis au jour est le fruit de*
» *l'union qu'elle a pu croire légitime*, le sieur R. n'a pu
» disconvenir que le bruit de son mariage était générale-
» ment répandu et que ce bruit cause à la demoiselle V. un
» dommage réel. — Attendu que, d'après l'article 340 C. c.,
» la recherche de la paternité est interdite ; que, par con-
» séquent, la demande en aliments formée par la demoi-
» selle V. pour l'enfant dont elle a accouché, n'est pas
» fondée et la preuve non recevable. »

Concluons donc, que, même en dehors d'un engagement
écrit, la mère peut encore se faire indemniser par le séducteur à raison de sa grossesse, sous la condition d'observer
la plus grande réserve et de respecter absolument l'article
340, dans les termes de sa demande et dans tous les actes
de sa procédure (3).

____

(1) *Revue de la Jurisprudence*, t. III, p. 205.

(2) 3 février 1834, rapporté par Marcadé, *loc. cit.* Voyez dans le même
sens : Trib. d'Auxerre, 15 janvier 1863 : Trib. de Valence, 30 juin 1863
(Dall. 1865-2, 22 et 23). Cass. 26 juillet 1864 (Dall. 1864-1, 347).

(3) Riom, 11 juillet 1818 ; Caen, 24 avril 1850 (Dall. 1855 — 2, 177) ;

Il va sans dire qu'en l'absence de tout engagement écrit,
la mère seule a le droit d'actionner son séducteur en dommages-intérêts ; de la part de l'enfant, en effet, une pareille
poursuite ne serait autre chose qu'une véritable recherche
de paternité.

VII. — Quelques arrêts sont allés plus loin, et ont décidé
que le nombre des enfants pourrait être apprécié comme
élément de l'indemnité à allouer à la mère. On a même
poussé la faveur jusqu'à transformer une partie de cette indemnité en pension viagère constituée sur la tête de chaque
enfant et destinée à pourvoir à ses besoins.

Il ne faut pas se dissimuler qu'ici, et en l'absence de tout
acte formel, la difficulté se complique singulièrement. Comment, en effet, reconnaître que le séducteur est tenu de nourrir les enfants, sans affirmer qu'il en est le père? Or, on sait
que cette affirmation est impossible; c'est là surtout que
les juges devront veiller à leur rédaction. Ils parleront des
besoins de la mère, de l'éducation de ses enfants, de la
nécessité pour elle d'y pourvoir, mais en évitant soigneusement de les rattacher à une filiation quelconque. C'est ce
qu'a fait, avec beaucoup de tact, le tribunal de Vire, dans
un jugement confirmé par la Cour de Caen, le 10 juillet
1862 (1) :

« Considérant, qu'après avoir reconnu qu'il est dû des
» dommages-intérêts à la fille G., le tribunal doit examiner
» s'il est possible de faire peser ses six enfants dans la ba-
» lance de ces dommages-intérêts; — or, le tribunal recon-
» naît que L. par son fait, a mis la fille G. dans l'impossibilité
» de subvenir à ses besoins. Quels sont ses besoins? Suffi-

Caen, 6 juin 1850; Montpellier, 10 mai 1851 (Dall. 1855 — 2, 178); Rouen,
24 février 1865 (J. P. 1865 p. 90, 732,; Nancy, 25 février 1865 (J. P.
loc. cit.)

(1) **Dall.** 1862 — 2, 129.

» rait-il à cette fille de gagner du pain pour elle, ou de-
» vrait-elle encore en gagner pour ses six enfants? S'il lui
» incombe, ce qui ne peut être douteux, l'obligation de les
» nourrir, le tribunal doit proportionner les secours aux
» besoins; mais en mettant à la disposition de la fille G. qui
» n'a jamais eu à s'occuper des soins d'une famille, puis-
» qu'il y était pourvu d'ailleurs, ce qui est nécessaire pour
» nourrir et élever ses enfants, il pourra en être fait un
» mauvais usage, le tribunal pense donc qu'il est préférable
» de réduire les besoins de la fille G. en la déchargeant du
» soin de nourrir ses enfants et de diminuer en proportion
» les dommages-intérêts qui lui auraient été alloués. » En
conséquence, le tribunal condamne L. à payer à la fille G.
une somme capitale de 2,000 fr., élevée par la Cour à 4,000 fr.
et une pension viagère de 500 fr. ; et à chacun de ses six
enfants une pension de 500 fr., qui sera réduite de moitié
après l'âge de dix-huit ans accomplis.

Telles sont les données actuelles de la jurisprudence et
les adoucissements qu'elle a successivement apportés aux
rigueurs de la loi.

Nous les résumons :

1° La séduction oblige, en principe, son auteur à réparer
le préjudice qu'il a causé. Seulement, elle doit être nettement établie et ne laisser prise à aucun doute.

2° L'inexécution d'une promesse de mariage, nulle en elle-
même, peut néanmoins donner lieu à des dommages-intérêts, lorsqu'elle a été le moyen déterminant la séduction.
Elle devient alors un véritable quasi-délit, dont il est dû réparation.

3° La séduction peut, dans ce cas, être établie par tous
les moyens et sans qu'il soit besoin de justifier d'un commencement de preuve par écrit.

4° Les tribunaux peuvent prendre en considération, pour
la fixation de l'indemnité à allouer à la victime, la grossesse

de la femme, mais en ayant soin d'éviter tout ce qui pourrait ressembler à une déclaration de paternité.

5° Enfin ils peuvent, sous la même condition, constituer sur la tête des enfants une pension viagère en déduction et comme modalité des dommages-intérêts à allouer à la mère.

Nous dirons plus tard pourquoi ces réformes sont insuffisantes et comment il convient de les compléter.

CHAPITRE III.

LÉGISLATIONS ÉTRANGÈRES.

On connaît, par l'exposé que nous venons d'en faire, l'état actuel de notre législation et les efforts tentés par la jurisprudence pour en corriger les rigueurs. Il ne sera peut-être pas sans intérêt ni sans utilité de compléter cette étude par un rapide aperçu des dispositions de quelques législations étrangères sur cette matière. Ce sera l'objet de ce chapitre.

« La reconnaissance des enfants naturels est adoptée
» dans toutes les législations, dit M. de Saint-Joseph (1). En
» Angleterre, elle ne confère aucun droit civil à l'enfant.
» Dans les cantons de Berne et de Lucerne, elle ne le fait
» entrer ni dans la famille du père, ni dans celle de la mère.
» Il y a aussi des pays, où, comme nous allons le voir, les
» enfants naturels peuvent être non-seulement reconnus,
» mais adjugés. L'adjudication tient alors lieu de reconnais
» sance.

» La recherche de la maternité est partout admise, et
» même dans les Deux-Siciles, en Sardaigne, en Pologne,
» dans les Iles Ioniennes, elle peut être prouvée par témoins,
» s'il y a seulement des présomptions et des indices.

» La recherche de la maternité, qui était autrefois le fléau

____

(1) *Concordance entre les Codes civils étrangers et le Code Napoléon*,
2ᵉ édition, p. **XXV, XXVI**.

» des familles, fut supprimée par le Code Napoléon. Elle
» est interdite également dans les Deux-Siciles, en Bolivie,
» à Haïti, à Parme, à Modène, en Pologne, en Serbie, dans
» les cantons de Neufchâtel et du Tessin, en Sardaigne, en
» Hollande et à Bade ; mais ces trois derniers pays ajoutent
» au cas d'enlèvement de l'article 340 du Code Napoléon,
» celui de viol, ce qui a été repoussé lors de la discussion
» de notre Code, dans la séance du conseil d'Etat du 26 bru-
» maire an x, comme pouvant être le résultat d'une preuve
» trop concluante. La Sardaigne ajoute encore le cas d'un
» écrit émané de l'individu désigné comme père, où il avoue
» sa paternité. Au contraire, la recherche de la paternité
» est autorisée en Bavière, en Autriche, en Angleterre, en
» Prusse, dans le droit commun Allemand, en Portugal et
» en Louisiane, où elle est permise aux enfants blancs dans
» tous les cas, mais aux enfants de couleur, libres, seule-
» ment lorsque le père qu'ils recherchent est homme de
» couleur. En Suisse, où le nombre des enfants naturels est
» considérable et où leur éducation est à la charge des
» communes à défaut de parents, non-seulement la recher-
» che de la paternité est admise, mais elle peut même être
» ordonnée d'office. Si la mère a déclaré sa grossesse au
» magistrat avant le cent quatre-vingtième jour, et si l'épo-
» que de ses couches coïncide avec la cohabitation indiquée,
» le serment supplétoire peut lui être déféré pour indiquer
» le père, et, de son côté, le défendeur peut demander le
» serment purgatoire. L'enfant est alors adjugé au père ou
» à la mère, et, s'ils n'ont pas le moyen de le nourrir, la
» commune s'en charge. Telles sont les dispositions adop-
» tées dans les cantons de Vaud, Argovie, Bâle, Berne,
» Fribourg, Lucerne, Saint-Gall, Soleure et Zurich. »

Après cette vue d'ensemble, descendons dans quelques
détails.

En Belgique, la matière est toujours régie par le Code
Napoléon, dont aucune loi modificative n'est venue encore

tempérer la rigueur, et la jurisprudence, nous écrit-on, n'a en rien contrevenu à la défense si absolue de l'article 340. Nul signe extérieur ne paraît même jusque-là trahir aucun travail de réforme.

Le Code des Deux-Siciles ne présente pas de particularités saillantes sur la législation française, dont il est la reproduction, sauf cette seule différence, que la recherche de la maternité est admise, en dehors du commencement de preuve par écrit, sur de simples présomptions, pourvu qu'elles offrent aux juges un caractère suffisant de pertinence et résultent de faits dès lors constants.

La loi Sarde est plus facile pour l'admission de la preuve. Vis-à-vis du père, en effet, elle la déclare recevable, à la condition de représenter un écrit émané de lui, par lequel il déclare sa paternité, ou duquel il résulte qu'il a donné à l'enfant une suite de soins à titre de paternité; seulement l'action ne peut être intentée que pendant la vie de celui qu'on prétend être le père (art. 185).

La preuve est aussi admise « dans les cas d'enlèvement » ou de viol, lorsque l'époque se rapporte au jour de la » conception. »

L'article 186 autorise, en outre, la recherche de la maternité, « quand les présomptions ou indices, résultant de faits » dès lors constants, seront assez graves pour déterminer » l'admission de la preuve. »

« Enfin, ajoute l'article suivant, l'enfant peut se prévaloir » de la déclaration expresse faite dans un écrit émané du » père ou de la mère, mais à l'effet seulement de réclamer » des aliments. »

En Bavière, dit M. de Saint-Joseph, toutes les preuves sont admises pour établir la filiation naturelle. On suit presque de point en point l'ancienne législation française.

« Celui qui est convaincu de paternité de la manière pres- » crite au Code de procédure, dit l'article 163 du Code Au-

» trichien, ou celui qui a cohabité avec la mère d'un enfant
» naturel, est présumé en être le père, quand l'enfant est
» né dans les sept mois au moins et dans les dix mois
» au plus qui ont précédé l'accouchement. Il en est de
» même du cas où le fait est avoué même extrajudiciaire-
» ment. »

Nous citerons encore la législation du canton de Vaud, en
Suisse. A raison de ses particularités toutes spéciales, il ne
sera peut-être pas sans intérêt de s'y étendre un peu lon-
guement. Voici les articles relatifs à la matière :

ART. 182. — Tout enfant né hors mariage doit être adjugé
au père ou à la mère par le tribunal.

ART. 183. — L'enfant naturel adjugé ne pourra réclamer
les droits de l'enfant légitime.

ART. 184. — L'enfant naturel adjugé au père porte le nom
de son père et jouit du même droit de bourgeoisie.

Il sera à la charge de la mère pendant les six premiers
mois.

Après cette époque, le père sera tenu de fournir à l'entretien de l'enfant, jusqu'à ce que celui-ci soit en état de
pourvoir à ses besoins.

Si le père est hors d'état de supporter cette charge en
entier, elle pourra être imposée pour une partie à la mère,
si la fortune ou l'industrie de celle-ci lui permet de remplir
ce devoir.

Au défaut du père et de la mère, la commune où le père
est bourgeois doit pourvoir à l'entretien de l'enfant, sauf
son recours contre le père et la mère.

ART. 185. — L'enfant naturel adjugé à la mère porte le
nom de la mère et a la même bourgeoisie.

ART. 186. — La commune du père ou de la mère peut
intervenir dans le procès et s'opposer à l'adjudication :
1° lorsqu'elle estime qu'il y a collusion ; 2° lorsque celle des
parties qui appartient à cette commune fait défaut.

ART. 187. — L'action en paternité peut être formée devant le juge du domicile de la mère, ou devant celui du domicile du défendeur.

Art. 188. — L'enfant sera adjugé à la mère dans l'un des cas suivants :

1° Si le défendeur prouve qu'à l'époque indiquée de la cohabitation, il était, soit pour cause d'éloignement, soit par l'effet de quelque accident, dans l'impossibilité physique de cohabitation avec la demanderesse ;

2° S'il prouve qu'elle a mené une vie dissolue et scandaleuse, ou qu'elle a été condamnée à une réclusion de six mois au moins, ou à la même peine, pour un temps plus court, s'il s'agit des articles 188 et 193 du Code pénal ;

3° Si l'action est intentée contre un décédé ;

4° Si à l'époque indiquée de la cohabitation, l'une ou l'autre des parties était mariée ;

5° Si la demanderesse a déjà eu un ou plusieurs enfants illégitimes.

Art. 189. — La preuve des faits allégués par la mère se fera par titres ou par témoins.

Art. 190. — Lorsque la mère n'aura pas fait la preuve des faits allégués par elle, le juge pourra, selon les circonstances, déférer ou le serment supplétoire à la mère, ou le serment purgatoire au défendeur.

Art. 191. — Toutefois, pour que la mère soit admise au serment supplétoire, il faut :

1° Qu'elle ait déclaré sa grossesse au juge de paix de son domicile, avant le cent quatre-vingtième jour, dès l'époque de la cohabitation, en lui indiquant l'auteur de sa grossesse, le temps et le lieu de la cohabitation ;

2° Que l'époque de ses couches se rapporte à celle de la cohabitation par elle indiquée.

Art. 192. — Le serment supplétoire que prête le défendeur consiste à affirmer que pendant le temps qui a couru depuis le trois-centième jusqu'au cent quatre-vingtième jour avant la naissance de l'enfant dont il est accusé d'être père, il n'a pas eu commerce avec la mère de cet enfant.

Art. 194. — La mère âgée de vingt-trois ans accomplis, n'est pas admise à intenter une action en paternité contre celui qui n'avait pas seize ans révolus à l'époque indiquée de la cohabitation.

Art. 195. — L'action en paternité, de la part de la mère, est prescrite par trois mois, à dater du jour de la naissance de l'enfant.

Art. 196. — L'action en paternité ne pourra être intentée contre celui qui est absent du canton, et qui n'aurait été ni confessant, ni convaincu avant son départ, à moins que la notification ne l'ait atteint.

Art. 197. — L'action en paternité d'une Vaudoise contre un étranger au canton ne sera admise, lors même que l'étranger confesserait la paternité, qu'autant qu'il constatera que l'adjudication qui s'ensuivrait sera valable dans le pays auquel l'étranger appartient.

Hors ce cas, l'enfant demeurera à la mère, sans préjudice de l'action en indemnité, qu'elle pourra exercer contre l'étranger.

Art. 198. — Les mêmes règles sont observées, lorsqu'il s'agit de la réclamation d'une étrangère contre un Vaudois.

Voilà, à coup sûr, la législation la plus originale sur cette matière.

Deux traits nous y ont particulièrement frappés.

C'est d'abord l'obligation pour les communes de pourvoir à l'entretien de l'enfant, dans le cas d'indigence des parents, et par suite, le droit pour elles d'intervenir, sous certaines conditions, dans le procès où s'agite l'état civil des personnes (1).

En second lieu, ce sont les analogies de ces dispositions avec celles qui gouvernaient jadis notre ancien Droit. Ainsi, autrefois, la déclaration de grossesse n'était admise de la part

---

1) Cette même obligation, de la part des communes, leur confère en Bavière le droit d'intervenir au mariage des indigents.

de la femme, qu'autant qu'elle avait eu une conduite jusque-là régulière : *creditur virgini, non meretrici.* Elle ne pouvait être formée contre un homme marié. Ces dispositions ont été formellement reproduites dans les paragraphes 2, 4 et 5 de l'article 188, complété par l'article 194 du même Code.

En Louisiane, la paternité, dans les cas où la recherche en est autorisée, s'établit : 1º par tout acte privé dans lequel le père a reconnu le bâtard comme son enfant et lui a donné son nom ; 2º lorsque le père, soit en public, soit en particulier, l'a reconnu pour son enfant, ou lui en a donné le nom dans ses discours, ou l'a fait élever comme tel : 3º lorsque la mère de l'enfant était reconnue pour vivre en concubinage avec le père, et demeurait à ce titre dans sa maison à l'époque de la conception de l'enfant (art. 227). Le serment de la mère, appuyé de la preuve de la cohabitation du père putatif avec elle, hors de la maison de celui-ci, ne suffit pas pour établir la paternité naturelle, si la mère est reconnue pour être de mœurs dissolues, ou pour avoir eu un commerce illicite avec un ou plusieurs hommes, autres que celui qu'elle accuse d'être le père de son enfant, avant ou depuis la naissance de cet enfant (art. 228). L'article 229 autorise enfin la recherche de la paternité, au cas d'enlèvement, dans les termes mêmes de notre article 340.

La loi Anglaise dispose que lorsqu'une femme est accouchée, ou qu'elle se déclare enceinte d'un bâtard, et que, par serment devant le juge de paix, elle en nomme le père, le juge doit le faire arrêter et emprisonner jusqu'à ce qu'il fournisse caution, ou de faire nourrir l'enfant, ou de comparaître aux premières *quarter-sessions,* pour y débattre le fait et y être jugé. Si la femme meurt, ou se marie avant ses couches, ou fait une fausse couche, ou est reconnue n'être pas enceinte, ou si les juges sont d'avis que le père déclaré ne l'est pas en effet, il est déchargé de toute obligation. Un magistrat peut obliger le père déclaré, de souscrire avec deux cautions, l'engagement d'indemniser la paroisse, ou d'en passer par le règlement des juges aux prochaines sessions ; mais ces juges ne peuvent que faire ce règlement et non l'obliger à donner caution qu'il l'exécutera ; s'il ne se soumet pas au règlement pour la subsistance, il peut être accusé au criminel et puni pour cette désobéissance. La Cour des sessions, ou deux juges hors des sessions règlent l'entretien, en chargeant la mère, ou le père présumé, du payement d'une somme ou de quelque autre moyen de subsistance pour cet objet. Si le père ou la mère se sauvent hors de la paroisse, les inspecteurs peuvent, en vertu de l'ordonnance de deux juges, saisir leurs revenus et leur mobilier, pour les appliquer à l'entretien de l'enfant. La mère ne peut être contrainte à déclarer le père qu'un mois après l'accouchement.

D'après la même loi, la séduction n'est punie que si elle est suivie de maternité « et par la raison qu'on prive ainsi » la famille ou le maître des services de la fille-mère. De » telle sorte, que si le séducteur est celui qui a autorité sur » la fille séduite, on arrive à l'impunité. La loi française fait, » au contraire, de ces circonstances des éléments aggra- » vants du délit (1). » Et à bon droit, car outrager, après l'avoir séduite, celle qu'on doit protéger, ce n'est plus seulement un délit, c'est un crime.

En Prusse, l'article 618 du Code autorise la recherche, soit de la paternité, soit de la maternité. De plus, la séduction est punie de six mois de prison avec le travail forcé, et le séducteur peut, dans certain cas, être déclaré responsable du meurtre ou de l'abandon des enfants par la mère. Il est certain, en effet, que c'est le plus souvent l'infidélité du séducteur et la misère qu'elle laisse après elle qui pous-

---

(1) *Bulletin de la Société internationale des Etudes pratiques d'économie sociale*, t. 1, p. 36.

sent les mères à ces extrémités du désespoir et de l'é-
goïsme.

Aux Etats-Unis, une législation presque identique protége
les jeunes filles jusqu'à l'âge de vingt-cinq ans.

« Quiconque, dit le Code de la Louisiane, aura séduit une
» femme de bonne réputation sous promesse de mariage et
» violera cette promesse sera puni d'une amende de cent à
» mille dollars ou d'un emprisonnement de un à six mois. »

La recherche de la paternité est aussi autorisée en Espa-
gne.

Enfin, le Code civil Italien admet l'enfant, même incestueux et adultérin, à intenter contre son père une demande
en prestation d'aliments dans plusieurs cas, notamment
lorsque la paternité résulte d'une déclaration expresse con-
tenue dans un écrit émané du père.

CHAPITRE IV.

VICES ET DANGERS DE LA LÉGISLATION FRANÇAISE ACTUELLE.

Nous avons étudié, dans un des chapitres précédents, les tempéraments que la jurisprudence apporte chaque jour aux rigueurs de notre loi sur la filiation naturelle et le parti qu'il est possible d'en tirer. Mais, disons-le hardiment, ces correctifs sont impuissants. Ils trahissent le mal, puisqu'ils ont pour objet d'y remédier; ils ne le font pas disparaître. Ce qu'il faut, c'est une réforme complète, radicale. Nous disons une réforme complète, car c'est le point de départ lui-même qui doit disparaître.

Qu'on y réfléchisse bien, avec l'esprit et avec le cœur ; si l'on est sincère, on devra convenir que notre Code est, sur cette matière, d'une rigueur qui, sous les apparences d'une haute équité et de respectables scrupules, va de l'injustice jusqu'à la cruauté, et il ne faut rien moins que toute la force de l'habitude pour expliquer comment, après soixante-dix ans d'existence, de pareilles dispositions peuvent avoir conservé leur place dans la législation d'un peuple qui vante ses progrès.

C'est à peine cependant si, avant ces dernières années, quelques protestations isolées s'étaient fait entendre de loin en loin ; nous n'hésitons pas à y joindre la nôtre. En voici les motifs :

I. — Plaçons-nous d'abord au point de vue de l'enfant. Est-il juste, est-il moral, est-il humain de l'isoler ainsi brutalement de l'homme qui lui a donné le jour et de dresser entre lui et l'homme que le sang, des aveux, des soins prolongés et souvent les traits mêmes du visage proclament son père, une infranchissable barrière ? Se peut-il que, pendant que l'un nage peut-être dans l'opulence, l'autre dévore dans l'isolement le pain de la misère et de la pauvreté ? qu'il soit sans droits pour obtenir quelques miettes de cette table si abondamment servie ?

Il est le fruit de la faute, c'est vrai. Mais ce n'est donc pas assez que, comme châtiment d'un crime qu'il n'a point commis, il porte au front le stigmate de sa naissance ? Il devra encore souffrir l'abandon et la faim ! Il n'aura pas un nom à donner à ce monde qui lui en demande un pour l'accueillir ! Toute famille lui sera refusée, tout foyer fermé, et lui, l'innocent, il expiera toute sa vie la faute d'un père assez faible pour lui avoir donné l'existence, et assez dur pour lui refuser les moyens de l'entretenir.

Le cœur se révolte à de pareilles énonciations, et c'est bien le cas de répéter cette parole des jurisconsultes romains : « *Necare videtur, non tantum is qui partum præ-* » *focat; sed, et is qui abjicit et qui alimonia denegat* (1). »

Mais, faisons taire le sentiment.

Il est un point absolument certain. C'est à celui qui donne la vie de l'entretenir : « Qui faict l'enfant, doit le nourrir, » disait autrefois Loysel dans son expressif langage, et ce principe est indépendant de toute circonstance de naissance, comme le fait même de l'existence. Né du mariage ou en dehors de lui, riche ou pauvre, l'enfant a incontestablement le droit de vivre, et à ce droit correspond, chez ceux qui l'ont engendré, le devoir impérieux de le nourrir, de l'élever et de l'entretenir. Les animaux obéissent à cette loi avec une

---

(1) L. 4. *De agnosc. et alend. liberis*, lib. **xxv**, tit. 3.

inviolable fidélité. Comment l'homme prétendrait-il s'en affranchir? « Moi, disait Alexandre Dumas fils, je trouve que
» l'homme qui met au monde volontairement un fils (et
» c'est toujours volontairement), sans lui assurer les moyens
» matériels, moraux et sociaux de vivre, sans se reconnaître
» responsable enfin de tous les dégâts consécutifs, est un
» malfaiteur qu'il faut classer entre les voleurs et les assas-
» sins. (1). »

Encore une fois, nous n'entendons pas faire de sentimentalité excessive, ni revendiquer pour les bâtards les priviléges que la loi réserve justement aux fruits de l'union légitime. Outre que le bon ordre de la société et la dignité du mariage exigent ces inégalités, qui ne sont, à bien prendre, qu'une forme de la justice, l'intérêt même des enfants, pris en masse, y est très-directement intéressé. Mais nous disons qu'à raison même de ces sévérités nécessaires, exclu d'une part de l'héritage paternel, courbé sous le poids d'une indélébile flétrissure, l'enfant naturel a, du moins, le droit de réclamer des aliments au père assez barbare pour les lui refuser. Car nous ne saurions trop le répéter, ce droit est la première conséquence de son existence, et si la conscience seule est impuissante à le faire respecter, il faut que la loi lui prête l'appui de sa force et de son autorité.

Or, nous avons vu que bien loin de lui venir en aide, elle en est, au contraire, la négation la plus absolue. Si le père veut remplir les devoirs que la justice et l'affection lui imposent, libre à lui. Mais libre aussi de les déserter. L'enfant est désarmé. Tant pis pour lui, si après être né dans la honte, il succombe dans la faim !

La voix de l'opinion pourra lui désigner son père : lui-même aura parfois la cynique franchise d'avouer à la fois sa honte et sa barbarie, n'importe. Si cet aveu n'est soigneusement et correctement paraphé par quelque officier ministériel, la

---

(1) Théâtre complet, *Le Fils naturel*, préface, p. 4.

conscience publique pourra faire entendre ses protestations,
elle criera au scandale. Le scandale sera légal, et la justice,
appelée à statuer, lui assurera l'impunité, quand elle devrait
appesantir sur lui ses rigueurs.

Or, ces faits ne sont pas rares. Nous nous souvenons d'un
jeune homme de famille, riche, opulent même, qui avait
séduit une honnête ouvrière d'une de nos grandes villes par
la perspective d'un brillant mariage, et l'avait rendue mère.
Quand celle-ci, sur le point d'accoucher, naïvement con-
fiante en sa promesse, vint lui demander, à défaut de l'union
promise, quelques pièces de monnaie pour subvenir à des
besoins qu'il avait créés, il la repoussa brutalement. Ce n'est
point qu'il fit mystère de sa faute ; il étalait sa paternité sans
pudeur. Mais il en répudiait les charges. Il les répudia si
longtemps et si bien, que la pauvre créature dut aller, en
dernière ressource, quêter tristement un asile dans quelque
salle d'hôpital. Nous le répétons, ces faits sont des scandales
et ces scandales sont fréquents. De toute nécessité, il y
faut un remède. « Vous craignez le scandale ! écrivait der-
» nièrement M. Laurent, professeur agrégé à la faculté de
» Toulouse, mais il est dans le crime et non dans la répres-
» sion (1). »

Autrefois, il n'en était point ainsi. Dans l'ancien Droit, en
effet, nous apprend d'Aguesseau, on décidait généralement
que la mère n'était tenue qu'à défaut du père de pourvoir à
l'éducation des bâtards. Quelques auteurs allaient même
jusqu'à accorder un recours à la mère qui les avait nourris.
Cette obligation cessait seulement lorsque le père était pauvre « ou qu'il avait reçu quelque injure considérable de son
» bâtard, ou même que ce bâtard ne soit en état de subsis-
» ter soit de son bien, soit par son industrie, de sorte que si
» le père a fait apprendre un métier à son bâtard, il est dé-
» chargé de l'obligation de le nourrir (2). »

---

(1) *Revue catholique des Institutions et du Droit*, t. I, p. 574.
(2) *Dissertation sur les Bastards*, t. VII, p. 436.

A un autre point de vue encore, notre système actuel conduit à de regrettables abus, ceux-là d'un ordre diamétralement opposé. Le père, en effet, soucieux de réparer sa faute, et préoccupé des intérêts de cet enfant que le sang lui rattache, aura un moyen facile de lui procurer presque tous les avantages de la légitimité et d'éluder les justes sévérités de la loi. Il ne le reconnaîtra pas, et sa fortune pourra, soit au moyen d'un legs universel, soit par l'adoption, dans le cas où elle sera possible, passer tout entière entre ses mains, sans que la famille puisse s'y opposer, puisqu'en l'absence d'une reconnaissance authentique, cet enfant est un simple étranger que ne frappe aucune incapacité spéciale. A coup sûr, les rédacteurs de l'article 340 n'avaient pas entrevu cette conséquence. « Ainsi, dit M. Sauzet, le père peut
» à son gré et malgré l'évidence des faits, ou priver son fils
» des aliments que lui assurait le droit même du sang, ou
» lui jeter tout entier un patrimoine que lui refuse la pré-
» voyante réserve des lois. Il pourra le condamner à la dé-
» tresse, en étouffant la voix de la nature et de l'humanité,
» ou lui conférer par testament, ou au besoin par adoption,
» tous les profits et les honneurs de la légitimité nuptiale,
» au grand scandale de la société et de la famille. Pour exer-
» cer cette dictature, le père naturel n'a qu'à ne pas recon-
» naître son fils (1). »

Ainsi, à un premier point de vue, notre loi est la violation du droit le plus élémentaire de l'enfant, et l'oubli du devoir le plus impérieux du père.

II. — Si maintenant nous nous plaçons au regard de la mère, l'injustice n'est pas moins criante, et nous verrons tout à l'heure que les conséquences en sont aussi désastreuses. Le père, en effet, n'est rattaché par aucun lien extérieur à l'enfant qu'il abandonne après l'avoir engendré.

----

(1) *Rome devant l'Europe*, 3e édition, p. 189.

La mère doit, au contraire, par la force des choses, en porter jusqu'au bout le fardeau, et cette obligation, si douce dans la dignité de l'état conjugal, devient, au sein du concubinage, un premier châtiment et une honte à laquelle elle ne peut se soustraire.

Nous sommes loin d'y trouver à redire. Il est de mode aujourd'hui de faire bon marché du mariage et d'étaler pour ces maternités de hasard des pitiés affectées. Toutes relâchées qu'elles sont, nos mœurs passent encore, près de certains esprits, pour une pruderie excessive : l'union libre a ses philosophes et surtout ses disciples. Nous répudions, quant à nous, de semblables doctrines. Elles mèneraient droit à la barbarie, si elles étaient jamais appliquées. Non, alors que de toutes parts la famille s'écroule, que le respect s'efface, que la fidélité conjugale se fausse, le moment n'est pas venu de lâcher bride aux passions et d'ériger le concubinage en institution.

Nous disons seulement que la femme ne doit pas être seule à porter le poids d'une faute qu'un autre a commise avec elle. Ici encore, nous invoquons le principe de la responsabilité personnelle : *Cuique suum*, à chacun selon ses œuvres, et nous ne voyons pas quelle excuse le père pourrait invoquer qui ne convienne aussi bien et mieux peut-être à sa complice.

Le plus souvent, en effet, elle aura été victime d'un entraînement irréfléchi : en face de promesses dorées ou de mensongères espérances, elle aura cédé à une séduction, d'autant plus coupable de la part de celui qui l'exerçait, qu'elle était plus froidement calculée. Et si un enfant en surgit, seule elle en porterait la charge, elle, la victime, la moins coupable du moins ! Elle qui, à ce jeu barbare, a déjà perdu son honneur, sa position, son avenir peut-être ! Elle, la plus faible et la plus désarmée ! Et la loi, se rangeant ironiquement du côté du plus fort, proclamerait l'impunité de son séducteur ! Je le répète, un pareil et aussi exorbitant privilége est un scandale public.

« Le malheur de notre société, ou cruelle ou hypocrite,
» c'est de lier tout le fardeau sur l'épaule de la jeune fille,
» après l'avoir ôté à l'homme ; c'est de venir avec un air vain-
» queur au secours du plus fort. Car, s'il y a une immoralité,
» elle est bien plus forte du côté de l'homme. Une femme
» ne viole pas les lois de la morale sans qu'il y ait compli-
» cité de l'homme ! Une jeune fille ne devient pas mère sans
» qu'il y ait un séducteur !... Nourrissez-la pendant qu'elle
» nourrit ses petits, ou bien chargez-vous vous-mêmes de
» vos enfants, si vous ne voulez pas qu'ils meurent à peine
» nés ! Que la société vous force du moins de faire la moitié,
» le quart, le huitième de votre devoir, et puisque vous avez
» bu dans la coupe du plaisir, ne rejetez pas la lie seule sur
» votre victime. Il n'y a pas de droits possibles sans devoirs.
» Des devoirs accomplis de l'un seul, jaillit le droit de l'au-
» tre (1). »

Je laisse de côté la séduction et les questions d'indemnité
ou de répression qu'elle peut soulever. C'est là une autre
face de ce douloureux problème. Mais en supposant les deux
êtres également coupables, la moindre conséquence qui
puisse en découler, c'est qu'ils soient également responsables
et que cette responsabilité se traduise contre eux par une
obligation effective. Au lieu de cela, sans qu'il y ait dans
notre législation de disposition spéciale à ce sujet, il se
trouve que par la force même des faits, la plupart du temps,
le fardeau de l'éducation et de l'entretien pèse exclusivement sur la mère qui, le plus souvent aussi, est hors d'état
de le supporter.

« N'ai-je pas le droit de dire, s'écriait M. Foucher de Careil,
» à la vue de cette situation, que je ne sais quel esprit
» guerrier et conquérant altère jusqu'à l'ordre et à l'harmo-
» nie de nos rapports civils, et que notre législation enfin,
» comparée à celle des races germaniques et anglo-saxones,

---

(1) Alexandre Weill, *Que deviendront nos filles ?* p. 123 et 126.

» paraît être celle d'un peuple de soldats habitués à traiter
» la femme comme un butin fait sur l'ennemi; que c'est une
» législation bottée et éperonnée, édictée par les forts, et ne
» se souciant pas assez du droit sacré des faibles ? (1) »

Une chose digne de remarque, c'est la singulière économie de notre législation. Le père naturel y est protégé contre toute recherche par l'inflexibilité de l'article 340. Le père
légitime, au contraire, est tenu de subir tous les enfants
nés à l'ombre du mariage, hors les cas très-rares et très-
spécifiés où la loi autorise le désaveu. Ainsi, l'enfant né de
l'adultère pourra, sous le couvert d'une légitimité d'emprunt, mais pourtant inattaquable, prendre sa place au foyer
et plus tard sa part de l'héritage, sans que l'époux outragé
puisse échapper à cette douloureuse humiliation. L'enfant
naturel simple, au contraire, s'il n'est pas reconnu, n'aura
même pas le droit de réclamer des aliments, et son père
pourra entendre sans crainte ses récriminations stériles.
Tout cela, au nom de la famille qu'on prétend défendre; car
on observera que nos législateurs ont rattaché ces deux conséquences contradictoires à ce même principe. On notera
aussi que ceux qui combattent la première s'inquiètent en
général fort peu de réformer la seconde; tant il est vrai que
ce que l'on recherche avant tout, en cette matière, c'est
l'irresponsabilité.

C'en est assez pour établir l'injustice de la règle que nous
combattons, par rapport à la mère.

III. — Jusqu'à présent nous avons parlé d'injustice. Voici
maintenant où l'injustice touche à la cruauté. Nous avons
vu que notre législation laisse presque toujours à la mère
la charge exclusive de l'enfant. Or, le plus souvent aussi,
celle-ci est incapable d'y subvenir sans de perpétuelles pri-
vations et d'héroïques efforts. Seule, sans ressources, sans

____

(1) Société internationale d'études pratiques d'économie sociale, *Bulletin*, t. I, p. 36.

foyer, à peine gagne-t-elle , à force de sueurs, son pain de chaque jour. Où prendrait-elle le temps et les moyens pour élever son enfant? Cet enfant, d'autre part, elle l'élève pour son déshonneur; et ce déshonneur elle est seule à le porter! Quelquefois, il est vrai, sa famille, émue de pitié , vient à son aide ; le premier moment de légitime colère passé, elle le recueille pour l'arracher à la faim. Mais la présence de cet être déclassé dans une famille régulière est déjà un malheur et une leçon malsaine.

Que sera-ce donc, si la mère reste livrée à ses propres forces, ou si, même avant la naissance , elle entrevoit cet abandon? Alors, toutes les suggestions du désespoir et de la misère se coalisent ; l'avenir apparaît sans horizon, voué à la honte et à la pauvreté ; la conscience, que le poids de la faute opprime, ne fait plus entendre qu'une voix étouffée, et, insensiblement, dans un accès de découragement suprême, la pensée du crime s'offre à l'esprit, comme l'unique issue d'une situation sans remède. De sorte que , commencée dans le vice, il arrive souvent que cette maternité se consomme dans le crime.

Tantôt, c'est l'avortement ; tantôt, et le plus souvent, l'infanticide. L'infanticide, qu'on pourrait croire impossible, tant il est monstrueux, si les faits ne se chargeaient tous les jours d'en démontrer la triste réalité. Il faut, en effet, avoir le courage de le dire, ce crime contre nature est presque entré dans nos mœurs , si l'on peut parler de la sorte. Il n'est pas de mois où nos cours d'assises n'aient à en juger quelques-uns, et l'aveugle indulgence des jurys n'est pas faite pour en diminuer le nombre.

De 1828 à 1837, la moyenne, accusée par les statistiques judiciaires, sans parler des crimes nombreux qui échappent à toute répression , était de 111 par année ; en 1865, on en comptait 196; en 1866, 201, c'est-à-dire qu'en trente ans, le chiffre connu en a presque doublé. Or, il n'est pas douteux que la rigueur de nos lois civiles n'exerce sur cette lamentable progression une funeste influence.

« Tous nos publicistes, écrit M. Morelot (1), ont remarqué
» que l'infanticide est beaucoup moins commun dans les
» pays de la Suisse et de l'Allemagne, où une fille-mère a
» le droit d'amener son séducteur devant la justice, lorsqu'il
» refuse d'élever l'enfant et de lui donner un état qui le
» mette à même de vivre de son travail. »

« Loin de diminuer, dit de son côté M. le docteur Bro-
» chard, dont les travaux sur l'enfance ont acquis une si
» juste célébrité, les avortements et les infanticides aug-
» mentent chaque jour en France. Leur fréquence et l'im-
» punité qui les protége sont même telles, que le médecin
» se demande avec effroi si, pour certaine partie de la po-
» pulation, ce sont encore des crimes, si ce ne sont pas plu-
» tôt des habitudes sociales (2). »

Et ailleurs : « A la vue du nombre sans cesse croissant
» des avortements et des infanticides, on comprend que des
» esprits généreux se soient demandé si la recherche de la
» paternité, introduite dans nos lois, ne serait pas une digue
» à opposer au flot toujours montant de la démoralisation.
» Sans me dissimuler toutes les difficultés que soulève cette
» question, je me bornerai à dire que la recherche de la
» paternité, admise dans certaines limites, serait un frein
» moral qui empêcherait un grand nombre d'infanticides
» et qui préviendrait peut-être bien des suicides (3). » Parfois, en effet, il arrive qu'après la mort donnée à son nou-
veau-né, la fille-mère n'a plus la force de supporter elle-
même la vie et double son crime sous prétexte de le réparer.

C'est aussi en ce sens que le 12 août 1873, le jury du Cal-
vados écrivait au président des assises que « le moyen de
» diminuer les infanticides serait le rétablissement dans
» nos lois du respect de la femme. »

La sévérité de ces lois a pour corrollaire de porter, comme

---

(1) *De la reconnaissance des enfants illégitimes,* p. 270.
(2) *De l'allaitement maternel,* p. 168.
(3) *Idem,* p. 174.

nous le disions, par une inévitable réaction, le jury à une indulgence, qui souvent n'est que de la faiblesse, mais n'en reste pas moins un encouragement à mal faire. Ainsi, en 1866, sur 201 poursuites, il y a eu 75 acquittements : plus d'un tiers ! Et quand une condamnation intervient, les circonstances atténuantes sont toujours là pour en alléger le poids. Ainsi, dans cette même année 1866, vingt prévenues n'ont été punies que de prison ; cinq en ont même été quittes pour une seule année de cette peine. Ce n'est point que les preuves fussent incomplètes, ni que la conscience des juges ait hésité. Le plus souvent, l'aveu suit ces sortes de crimes. Mais la mère fait valoir la dureté de sa position, son abandon, la fuite de son séducteur, l'impossibilité de nourrir le fruit de leur union passagère, la crainte du déshonneur. Le jury est attendri, surtout en face de la rigueur de la peine, et son bras n'ose frapper. La loi civile tient la loi pénale en échec.

On enlèverait ce prétexte à l'impunité, en laissant à chacun la responsabilité de ses actes. Le jour, en effet, où l'article 340 aurait été effacé de nos codes, au lieu d'étouffer barbarement son enfant au premier battement de la vie, la mère appellerait le séducteur devant les tribunaux et l'obligerait à pourvoir à ses besoins. L'infanticide se ferait plus rare. Dans tous les cas, il y a lieu de croire qu'il serait plus rigoureusement puni.

Nous insistons sur ce danger de notre législation actuelle. Quand elle ne coûterait la vie qu'à deux innocents par année, c'en serait assez pour la faire, et sans retard, réformer.

IV. — L'irresponsabilité du père et l'interdiction de la recherche de la filiation naturelle ont d'autres périls.

A côté des mères qui tuent leurs enfants pour échapper au soin de les nourrir, il y a, en effet, celles qui les abandonnent, et celles-là sont nombreuses. Les renseignements statistiques nous manquent à ce sujet. Mais deux faits sont certains. Premièrement, le grand nombre de ces êtres dé-

laissés, qu'un égoïsme barbare confie à la charité publique.
C'est qu'en second lieu, presque toujours la mère, avant
d'abandonner son enfant, a été elle-même délaissée par
son complice et ne s'est résignée à cette cruauté, qui le plus
souvent coûte à son cœur, que sous la pression de l'isolement et de la pauvreté.

Oui, si le séducteur, au lieu de la rebuter, comme un
hochet qu'on brise après s'en être servi, se fût occupé de
pourvoir à ses besoins et à ceux de son enfant; s'il eût été
simplement humain et de la plus vulgaire loyauté; si, du
moins, sourd à la voix de la conscience, il eût pu être ramené à l'exécution de ce devoir par la contrainte des lois,
nous ne verrions pas si fréquemment ces crimes qui attris-
tent l'âme et déshonorent l'humanité. De telle sorte qu'on
peut affirmer, en toute vérité, que de même qu'il contri-
bue à multiplier les infanticides, le principe d'interdiction,
posé dans notre Code, augmente les abandons et peuplait
autrefois les tours de nos hospices. Par là se crée, sous la
protection des lois, et comme avec la faveur du législateur,
une population nombreuse d'êtres sans familles, isolés de
toute affection humaine et que n'échauffa pas même un
souffle d'amour maternel.

Il est à peine besoin d'en signaler les dangers.

Tout enfant abandonné est recueilli par l'Etat, nourri par
lui, élevé de ses deniers. C'est donc une augmentation de
charges pour le trésor (1) et une difficulté de plus s'ajoutant
aux épineux problèmes de l'assistance publique.

Mais ce n'est là que le moindre des inconvénients. Si ces
enfants sont nourris, et comment le sont-ils? — la statistique
a sur ce point de navrantes révélations et constate chez les
enfants naturels une mortalité sensiblement plus élevée
que chez les enfants légitimes — il reste à les élever.

____

(1) Il naît, en effet, année moyenne, environ 75,000 enfants naturels
en France. Sur ce chiffre, 25,000 à peine sont reconnus.

Qui donc formera leur intelligence et leur cœur? Qui remplacera pour eux cette atmosphère de la famille, cette surveillance de tous les jours, ces influences secrètes, mais toujours si persuasives du foyer? Quand la souffrance visitera leurs jeunes années, qui se penchera sur leur couche pour sécher leurs larmes? Quand leur cœur, s'ouvrant à l'affection, cherchera, pour s'y reposer, un cœur qui le réchauffe, s'en trouvera-t-il pour le comprendre? Confiée le plus souvent à des mains mercenaires, leur enfance s'étiolera dans la froideur d'une glaciale indifférence. Et plus tard, quand, devenus grands, ils seront en état de se suffire, ce sera pour mieux sentir la défaveur qui les environne. Non, il ne leur aura pas suffi d'avoir grandi péniblement dans le dénûment et l'abandon. Il faudra vivre dans l'opprobre et porter, sans compensation, du berceau à la tombe, le poids de la faute originelle. C'est ainsi que, peu à peu, le désespoir entre dans l'âme et y accumule les ruines. La haine ne tarde pas à l'y suivre. Vienne un jour de secousses violentes et d'agitation populaire, ce déshérité se lèvera la rage au cœur, le blasphème aux lèvres, la torche ou le poignard à la main, maudissant la famille qui l'a rejeté et la société qui tolère ces scandales!

Ou, si vous ne le rencontrez pas derrière une barricade, cherchez dans les repaires du vice ou sous le verrou des prisons. C'est là que, la plupart du temps, vos lois l'auront conduit: toujours au nom de la décence et des mœurs qui doivent singulièrement rougir de couvrir de pareilles turpitudes!

V. — Il est encore une autre solution à ce problème, la plus favorable à coup sûr, mais qui n'est pas non plus sans périls. La mère a donné le jour à son enfant. Malgré l'isolement, elle l'a nourri; elle l'élève péniblement, à force de sacrifices et de mécomptes; mais cette situation ne peut se prolonger éternellement. L'heure du mariage a sonné; que va devenir l'enfant, au sein de cette famille qui se fonde, si toutefois il ne se dresse pas comme un invincible obstacle à sa création ?

C'est alors que parfois le mari, cédant aux sollicitations de celle qu'il aime, reconnaîtra cet être qui lui est étranger, lui constituant ainsi une légitimité factice au prix de son honneur.

D'autres fois, au contraire, et le fait n'est pas rare dans les campagnes, ce sont les parents de la mère eux-mêmes, qui, pour vernir une situation dont ils sont les premiers à souffrir, achètent par quelques avantages pécuniaires, une légitimation d'emprunt, dont il se trouve toujours quelqu'un pour s'accommoder.

L'enfant semble y trouver son compte, puisque cette combinaison lui assure un foyer, un héritage et un nom. Mais que d'inconvénients en retour ?

L'époux ne regrettera-t-il pas un jour cette générosité parfois irréfléchie, ou ces calculs intéressés ? Supportera-t-il indéfiniment et sans remords, cette paternité dont on l'a affublé, à deux pas de l'amant éhonté, qui insulte peut-être par ses sourires à sa naïve docilité ?

Or, de semblables regrets, c'est pour toujours peut-être la discorde au foyer, la guerre domestique, la paix rompue. C'est, dans tous les cas, la dignité de la famille souillée, et la honte sur l'acte le plus doux de la vie. Plus tard, quand le moment sera venu de régler, entre les enfants, les comptes de l'héritage, ce seront le plus souvent de scandaleux procès où tout un passé de désordres revivra sous le souffle d'implacables colères.

Ainsi, l'infanticide, l'abandon, ou d'insuffisants et dangereux palliatifs, telles sont les conséquences de l'irresponsabilité du père en dehors du mariage.

Mais ce n'est pas tout encore.

VI. — Quoi qu'en ait pu dire le Premier Consul, qui affirmait nettement au conseil d'Etat que, suivant lui, « la société » n'a pas d'intérêt à ce que la filiation des bâtards soit re-

» connue, » les mœurs publiques sont, elles aussi, gravement compromises par une pareille législation. On a beau dire que les lois ne font pas les mœurs ; la vérité est que mœurs et lois exercent les unes sur les autres une action réciproque incontestable. Dans tous les cas, il n'est pas douteux que la perversité des unes s'ajoutant au déréglement des autres ne précipite une société vers sa ruine : c'est le cas ici.

Nous avons vu comment l'interdiction de l'article 340 se traduisait pour le père en une véritable irresponsabilité. A la faveur de cet article, en effet, libre à lui de séduire par les plus mensongères promesses, la femme peut-être honnête que le hasard d'un jour aura amenée sur sa route ; il pourra, à son gré, lui ravir, dans l'ivresse d'une heure d'égarement, son honneur et sa vertu, tromper sa naïve confiance et ses complaisantes faiblesses. Il ira jusqu'à l'abuser par la perspective fallacieuse d'un mariage dont, au fond de l'âme, il repousse le frein. Et demain, quand, cédant à ses suggestions, la fille sera mère, il ne sera pas même tenu de jeter une pièce d'or à ces deux créatures, dont l'une lui aura dû la honte avec la misère, l'autre la vie avec le déshonneur ? Nous avons dit jusqu'à présent que c'était une cruauté dans le rapport de l'enfant et une injustice vis-à-vis de la mère ; ajoutons que c'est un danger pour les mœurs et pour le père lui-même.

Oh ! sans doute, la morale et la religion doivent apparaitre, au premier rang, lorsqu'il s'agit de tempérer l'ardeur des passions. Mais si, à certaines heures, la loi n'est pas là, avec ses inexorables rigueurs, pour leur prêter son appui, il y a tout à craindre que la volonté ne succombe dans une lutte où, bien souvent, elle va elle-même au-devant de la défaite.

Or, aujourd'hui, quel frein légal pourrait retenir le jeune débauché ou le vieillard libertin dans leurs déréglements ? Quand une vertu est flétrie, ils en déflorent une autre, et cela sans péril, à la seule condition d'avoir étouffé le remords dans leur conscience et dans leur cœur. Plus tard, quand le feu des passions sera tombé, ils iront chercher dans le mariage un repos que rien ne pourra plus troubler. En vérité, la tentation est trop puissante.

Au lieu de cela, qu'on suppose autorisée la recherche de la paternité naturelle. Tout abus, sans doute, n'aura pas disparu; il en demeurera, et beaucoup; mais, d'une façon générale, quelle circonspection! quelle vigilance! Comme la prudence parlera d'accord avec la morale! Tout à l'heure le plaisir commandait la liberté de la passion; aujourd'hui l'intérêt prêchera la nécessité de la vertu. Je parle surtout des classes riches. Croit-on que tel jeune homme de famille, par exemple, qui, à la faveur de l'impunité, semait les faubourgs de ses victimes, continuera sa vie de débauche lorsqu'il sentira derrière lui la menace d'une action judiciaire, et quand une seule faute pourrait peut-être lui coûter cette considération extérieure à laquelle il tient autant pour lui qu'il la respecte peu chez autrui?

Et les familles, ces familles si indulgentes souvent, et si aveugles! si elles avaient à redouter de voir entrer dans leur sein des bâtards importuns, ne seraient-elles pas plus soucieuses, et leur indifférence ne se changerait-elle pas en une juste sévérité?

Il n'y a pas à en douter, et c'est là la considération que je recommande par-dessus toutes les autres : la possibilité pour la mère et pour l'enfant naturel de rechercher le père serait une réforme essentiellement moralisatrice. Nous doutons qu'il en soit qui puisse exercer sur les mœurs une plus salutaire et plus immédiate influence.

« Le jour, dit Alexandre Dumas (1), où la société décla-
» rera que l'honneur d'une femme et la vie d'un enfant sont
» des valeurs comme une douzaine de couverts ou un rou-
» leau d'or, les hommes les regarderont à travers les vitres,

---

(1) *Théâtre complet, La Dame aux Camélias*, préface, p. 46.

» sans oser les prendre et l'idée leur viendra de les acquérir
» et non de les voler. Au lieu de déshonorer les filles, on
» les épousera; au lieu d'en faire des victimes, on en fera
» des alliées. De la condescendance des lois naît la facilité
» des mœurs. Comment avez-vous pu établir, entre les
» biens matériels et l'honneur de vos filles, de vos sœurs
» et de vos femmes, de la femme enfin, une si grande diffé-
» rence au désavantage de celle-ci ? »

« En France, dit de son côté M. Legoyt (1), le chiffre
» relativement élevé des naissances hors mariage ne peut
» guère avoir que les trois causes principales suivantes :
» 1° les difficultés apportées au mariage par les nombreuses
» formalités qu'exige la loi civile ; 2° *l'impunité assurée au*
» *séducteur par l'interdiction de la recherche de la pater-*
» *nité ;* 3° l'âge relativement avancé auquel l'homme con-
» tracte mariage. »

« La recherche de la paternité, écrit à son tour M. Del-
» vincourt (2), est une sauvegarde pour les mœurs. Si
» l'homme qui vit en mauvais commerce n'a à craindre au-
» cune des suites qui peuvent en résulter, croit-on qu'il
» sera plus disposé à renoncer à ses mauvaises habi-
» tudes? Si, au contraire, il peut craindre que la seule fré-
» quentation d'une femme de mauvaise vie l'expose, lui ou
» sa mémoire, à un procès désagréable, ne deviendra-t-il
» pas plus circonspect dans le choix de ses sociétés, et les
» mœurs n'y gagneront-elles pas infiniment? »

On fait une objection : autoriser la recherche de la paternité, ce sera doubler l'audace des femmes. L'homme sera
moins séducteur; mais elles deviendront plus arrogantes. On
aura ainsi déplacé le mal sans le guérir.

A supposer qu'il dut en aller de la sorte, il y aurait déjà

---

(1) *Correspondant,* 10 février 1874. — *Des naissances illégitimes en*
Europe.

(2) *Cours de Code civil,* t. I, 387, 388 — note 6 de la page 89.

un progrès : chacun, en effet, porterait le poids de sa faute et la justice serait de ce côté satisfaite. Mais il y a plus.

C'est à tort qu'on cherche à établir une égalité absolue entre les deux êtres que la passion rapproche. Sans doute, il est telle circonstance, où la femme aura seule la responsabilité, parce qu'elle aura eu l'initiative. Mais, d'une façon générale, il n'en est point ainsi. Outre, en effet, que l'homme est naturellement plus fort pour imposer sa volonté, la femme a pour freins, sa pudeur naturelle et la crainte d'une maternité dont elle ne peut s'affranchir que par un crime.

Aussi est-ce avec raison qu'on a pu écrire : « Il serait » faux et injuste de prétendre que l'attaque vient surtout » de la femme. Aux yeux de tout homme sincère, la séduc- » tion s'exerce mille fois plus, principalement dans la classe » ouvrière, de l'homme sur la femme que de la femme sur » l'homme (1). »

Si l'objection était vraie, il faudrait dire que la première conséquence de notre régime aurait dû être de rendre la femme plus réservée. « Or, disait Malleville au conseil » d'État, le 26 brumaire an x, si, depuis les lois nouvelles » les tribunaux ne voient plus se former des demandes » en dommages-intérêts pour recherche de paternité, il » n'est pas constant que les filles soient devenues plus » chastes (2). »

« Singulière inconséquence de notre législation, ajoute » M. Foucher de Careil, qui les répute mineures pour leurs » biens meubles et immeubles; majeures pour leur chasteté » et leur honneur (3)! »

« La loi actuelle, nous l'avouons, semble agir d'une cer-

---

(1) *Études religieuses*, février 1874, p. 216.— Un article du P. Toulemont.
(2) Locré, *Législ. civ. de la France*, t. vi, p. 122.
(3) *Bulletin de la Société d'Économie sociale*, p. 35.

» taine manière sur le sexe féminin pour le détourner de
» la tentation de se laisser séduire, dit très-justement le
» Père Toulemont. Mais, en réalité, elle ne fait que l'ex-
» poser davantage à ce péril, parce qu'en assurant l'impu-
» nité à l'autre sexe, elle l'invite en quelque sorte et le
» provoque à séduire. C'est-à-dire, qu'en présence de deux
» forces qui concourent très-inégalement à la séduction, la
» loi, au lieu de retenir, de comprimer la plus puissante et
» la plus fougueuse, lui vient en aide et lui communique
» une impulsion nouvelle (1). »

Supprimons les séducteurs d'un côté, les filles séduites de
l'autre, que restera-t-il? Les prostitués. Ce ne sont pas ceux
qui donnent d'habitude à un peuple les plus nombreuses gé-
nérations.

Donc, au nom de la morale, au nom du père lui-même,
qu'il est bon de protéger contre ses propres faiblesses, nous
demandons une autre législation.

Jamais le besoin ne s'en fit plus vivement sentir.

« En 1802, le mal auquel nous voulons porter remède
» n'existait pas au même degré; je veux parler de la séduc-
» tion qui s'exerce dans la fabrique et dans l'atelier, et du
» proxénétisme industriel que le développement de l'indus-
» trie ne pouvait manquer d'amener après lui (2). »

C'est là, en effet, un des revers les plus tristes de ces
progrès dont notre siècle est si fier. Que de jeunes filles
trouvent, dans l'atelier même où elles vont chercher la vie,
l'exemple du vice et de l'immoralité! Je ne parle pas seulement des influences funestes, des excitations malsaines,
des contacts pervers. Mais que d'intimidations coupables,
d'obsessions irrésistibles de la part de ceux qui devraient être
les premiers à défendre et à faire respecter leur vertu! (3) Il

____

(1) *Etudes religieuses*, loc. cit., p. 256.
(2) *Bulletin de la Société d'Economie sociale*, p. 35.
(3) La séduction, dit de son côté M. Le Play, qui, pendant le dernier

est temps enfin de protéger les filles honnêtes contre cette tyrannie dégradante.

Or, il faut malheureusement en convenir : dans l'état présent de nos mœurs et de nos lois, elles sont au contraire absolument sacrifiées. Je ne sais rien, en effet, de plus digne d'intérêt et de pitié que la situation de tant de jeunes ouvrières exilées du foyer par la nécessité de suffire à leurs besoins, et enveloppées, dès leurs premiers pas dans la vie, de dangers auxquels elles ne peuvent souvent se soustraire qu'au prix d'héroïques efforts, surtout si la grâce et la beauté viennent ajouter à leur jeunesse un péril nouveau. Par contre, je ne sais rien de plus criminel que ces piéges perpétuellement tendus à leur innocence par ces hommes qui devraient comprendre au moins que la vertu de la femme pauvre est sa richesse, et que la lui arracher, c'est commettre, au préjudice de sa vie tout entière, le plus abominable des larcins.

On s'étonne souvent des colères qui grondent au cœur du peuple. Croit-on qu'il puisse voir de sang-froid le riche trafiquer impunément de l'honneur de ses filles, et, pour satisfaire son caprice d'un instant, jeter la honte avec la misère à son foyer?

« J'ai vu souvent, écrit M. le Play, dans le cours de mes
» voyages, les tortures morales qu'inflige aux mères pau-
» vres la situation de leurs filles attirées hors du foyer par
» la nécessité du travail ; j'ai eu la confidence des haines

» siècle de l'ancien régime, n'appartenait guère qu'aux mœurs de la cour,
» s'est incessamment propagée, depuis lors, dans la masse même de la
» nation : aujourd'hui ce désordre est devenu en quelque sorte un trait
» habituel de nos mœurs privées *(La Réforme sociale en France*, 1re édi-
» tion, t. I, p. 193).

« Des manufacturiers séduisent leurs travailleuses ; des chefs d'a-
» teliers chassent les jeunes filles qui ne veulent pas s'abandonner à
» eux ; des maîtres corrompent leurs servantes » *(Histoire morale des femmes*, par E. Legouvé, 5e édition, p. 69. — Père Toulemont, *Études religieuses*, décembre 1873, p. 881).

» que soulève la séduction exercée par les riches, et, depuis
» lors, je me suis promis de réclamer sans relâche la ré-
» pression de ce honteux désordre. »

« Les ouvriers, ajoute M. Devinck, se plaignent avec rai-
» son que leurs filles ne soient pas assez protégées contre
» les séductions ; et il faut reconnaître qu'en Angleterre,
» aux Etats-Unis, en Autriche, en Bavière, en Prusse, en
» Russie, dans la plupart des cantons de la Suisse, la légis-
» lation est plus favorable pour défendre la femme, plus
» sévère contre celui qui en a abusé (1). »

De toutes parts, les mœurs se relâchent, la famille s'en va,
l'adultère s'étale au foyer comme sur la scène. C'en est fait
de la dignité du mariage et de l'éducation de l'enfance, si
l'on n'y apporte un prompt et énergique remède.

Ouvrons plutôt les dernières statistiques. Il naissait, en
moyenne, de 1858 à 1860, un million environ d'enfants par
an. En 1858, le chiffre des bâtards a été de 74,633 ; en 1859,
de 80,409 ; en 1860, de 69,207. Aujourd'hui, la moyenne est
environ de sept enfants naturels pour cent légitimes (2). A
Paris, il en naît un sur trois ; nos grands centres suivent
de près cette proportion, qui se fait sentir jusque dans nos
campagnes (3). N'est-ce pas véritablement effrayant ?

Or, sur cette moyenne annuelle de 75,000 enfants natu-

----

(1) *Bulletin* de la Société d'Economie sociale, séance du 9 mars 1873,
p. 160.

(2) « Le coefficient d'illégitimité a sensiblement varié en France : de
» 5,39 en 1800-1815, il s'élève à 7,05 de 1820 à 1830 ; à 7,36 de 1831 à
» 1835 ; à 7,12 de 1836 à 1840. Il descend ensuite à 7,15 de 1841 à 1845,
» pour remonter à 7,16 de 1846 à 1850 ; à 7,28 de 1851 à 1855 ; à 7,51 de
» 1856 à 1860 ; à 7,54 de 1861 à 1863, et redescend à 7,45 de 1863 à
» 1865 » (Legoyt, *Correspondant*, 10 février 1873 : *Les naissances illégitimes en Europe*).

(3) « On constate avec regret en France que les campagnes ont un
» nombre croissant de naissances naturelles. Ainsi le rapport s'est suc-
» cessivement élevé pendant ces dernières années : de 4,32 en 1861, à
» 4,38 ; 4,39 et 4,42 en 1862-1865 » (Legoyt, *Idem*).

rels, sait-on combien il en est que leur père n'ait pas reconnus : 51,021 en 1858 ; 56,641 en 1859 ; 49,049 en 1860. D'où cette conséquence, que chaque année il naît en France près de 50,000 enfants dépourvus de tout état civil et abandonnés aux hasards de leurs destinées (1).

C'est au nom de ces créatures si profondément dignes de pitié, au nom de leurs mères qui ne sauraient seules en porter le fardeau, et que trop souvent le désespoir égare jusqu'à l'abandon, à l'infanticide même ; au nom des mœurs publiques et du père lui-même ; c'est au nom de la justice et de la miséricorde que nous combattons notre législation présente et que nous revendiquons, pour tout enfant, sous les garanties et les restrictions que nous examinerons bientôt, le droit de rechercher son père.

Une des plus heureuses conséquences de cette réforme, après celles que j'ai déjà signalées, serait assurément l'augmentation des reconnaissances par le père. Nous avons vu combien aujourd'hui elles sont rares ; c'est à peine si elles profitent au quatorzième des enfants nés hors mariage, tandis que la mère en reconnaît plus du tiers (2). Or, il n'y a pas à douter que le jour où le père se sentirait sous le coup d'une poursuite dans laquelle il pourrait succomber, il n'hésiterait pas, dans un grand nombre de cas, à en prévenir le scandale par une reconnaissance volontaire, ou ce qui est mieux encore, par une légitimation complète.

La réforme que nous sollicitons a été déjà réclamée par de nombreux esprits, et des meilleurs.

M. Proudhon, et après lui, son savant commentateur, M. Valette, ont vu dans notre article 340 une prime donnée au libertinage et à la débauche :

---

(1) En 1861, pour 29,84 enfants reconnus, il y en a eu 70,16 qui ne l'étaient pas. En 1864, 66,13 pour 33,87.

(2) En 1856, il y avait eu, Paris excepté, 3,645 reconnaissances par le père, et 17,656 par la mère (Acollas, *L'Enfant né hors mariage*, p. 55).

« Certainement, la règle de l'article 340, qui prohibe en
» principe la recherche de la paternité, ne peut avoir aucune
» influence pour le détourner du commerce illicite. Bien
» loin de là, cette règle doit avoir, comme l'expérience le
» prouve, un résultat entièrement opposé. En effet, l'homme
» qui a un enfant naturel, sait très-bien qu'il dépend de lui
» et qu'il lui sera facile, quand bon lui semblera, de recon-
» naître son enfant, et que, en attendant, il peut vivre dans
» une sécurité parfaite, sans avoir à craindre, comme au-
» trefois en France et comme aujourd'hui même dans plu-
» sieurs autres pays de l'Europe, un procès en recherche
» de paternité (1). »

M. Le Play conclut, lui aussi, à la suppression de cette
règle : « Alors, dit-il (2), les riches qui vivent ouvertement
» dans le désordre seraient particulièrement exposés aux
» accusations injustes, et par ce motif ils devraient s'imposer
» plus de réserve. Ceux qui mènent au fond une vie régu-
» lière éviteraient avec plus de soin les lieux publics, si
» nombreux chez nous, où affluent les sociétés mêlées. L'or-
» dre moral renversé, d'abord sous les apparences, se ré-
» tablirait ensuite dans les esprits. »

Nous avons vu, par plusieurs citations, que, dès 1866, la
*Société internationale des études pratiques d'économie so-
ciale*, suivant l'exemple de son illustre fondateur, s'était
occupée de la question dans un sens analogue.

Tout en faisant quelques réserves sur les conséquences
qu'on peut en attendre, M. Legoyt, dans une intéressante
étude de statistique, *sur les naissances illégitimes en Europe*, conclut à la même réforme :

« Si, dit-il, le droit de rechercher la paternité ne nous paraît
» pas de nature à prévenir la séduction, il peut en atténuer
» sensiblement les conséquences douloureuses pour la mère

____

(1) Valette sur Proudhon, *Etat des Personnes*, t. II, p. 131.
(2) *Organisation du Travail*, p. 302.

» et pour l'enfant, en obligeant le séducteur, conformé-
» ment à la plus rigoureuse équité, à réparer, dans la me-
» sure de sa fortune, le tort souvent immense qu'il leur a
» fait à tous les deux, et le préjudice moral qu'il a causé en
» outre à toute une famille. Il est même à croire que sou-
» vent la crainte d'un scandale qui rejaillirait également sur
» lui d'un procès de cette nature, le déterminerait soit à
» épouser sa victime, soit à reconnaître l'enfant, soit à leur
» assurer spontanément des moyens d'existence (1). »

Le Père Toulemont a publié dans le même sens d'instruc-
tifs articles que nous signalons parmi les travaux les plus
approfondis qui aient paru sur la matière (2). « Cette loi,
» conclut-il (il parle de la nôtre), cette loi amnistie, et par
» là même favorise un des plus grands crimes qui se puis-
» sent commettre contre la loi divine et l'ordre social. Et,
» amnistiant ce crime, qui est la séduction, elle commet un
» flagrant déni de justice à l'égard des femmes séduites,
» parce qu'elle ne les admet que très-exceptionnellement à
» réclamer les plus légitimes réparations ; et, à l'égard des
» enfants naturels, puisque, de fait, elle autorise le père à
» leur refuser la plus sacrée de toutes les dettes, la dette
» alimentaire. Et, par cette indigne protection accordée au
» séducteur, par cette criante iniquité commise envers la
» fille-mère et son enfant, la loi devient, pour sa part, res-
» ponsable de toutes les calamités physiques et morales qui
» en résultent pour ces derniers, c'est-à-dire de la misère
» et de la dégradation où ils tombent, des crimes sans nom-
» bre qu'ils commettent et de la mort prématurée dont ils
» sont trop souvent les victimes. Enfin elle est responsable,
» toujours pour sa part, de tous les désordres sociaux qui
» naissent de ce lamentable état de choses : le progrès nor-

____

(1) *Correspondant*, 10 février 1874.
(2) *Etudes religieuses, philosophiques, historiques et littéraires;* no-
vembre-décembre 1873, et février 1874.

» mal de la population arrêté dans son essor, la vie natio-
» nale profondément atteinte, les forces productives du
» travail amoindries, les familles flétries et désorganisées,
» l'opinion et le sentiment publics de plus en plus faussés
» et pervertis, les éléments de haine et de discorde civile
» qui s'amassent, de jour en jour plus nombreux et plus
» menaçants, dans les entrailles de la société. Certes, ou
» bien il faut répudier la raison ou le bon sens, ou bien il
» faut dire que cette loi est inique, anti-sociale, et que, par
» conséquent, elle doit être abolie sans retard. »

Nous signalerons encore, parmi ceux qui ont conclu dans le même esprit, M. Morelot, ancien doyen de la Faculté de Droit de Dijon (1), et M. Acollas, dans un livre dont nous sommes loin, d'ailleurs, de partager les doctrines (2).

« Celui qui a inventé cette sentence : *la recherche de* » *la paternité n'est pas permise*, écrit M. Alexandre » Weill (3), a commis un crime de lèse-humanité. Elle n'a » pas peu contribué à la corruption des mœurs. Et il en » sera ainsi, aussi longtemps que les hommes seuls seront » chargés de faire les lois concernant le mariage et l'a- » mour. Toujours ils feront glisser le fardeau de leurs fortes » épaules pour le lier sur les faibles têtes des femmes. » Ce seront toujours des lois inspirées par le droit du plus » fort. »

Terminons par ces lignes d'Alexandre Dumas fils (4) : « Vous ne voulez pas? vous trouvez que *çà* peut aller *comme* » *çà*, et que, pourvu qu'on s'occupe des hommes, qui » feraient des révolutions, si on ne s'occupe pas d'eux, tout » est pour le mieux dans le meilleur des mondes possibles! » *Va bene!* Amusons-nous! Vive l'amour! Laissons la femme

---

(1) *De la Reconnaissance des enfants illégitimes.*
(2) *L'Enfant né hors mariage.*
(3) *Que deviendront nos filles ?* p. 159.
(4) *Théâtre complet, La Dame aux Camélias*, préface, p. 47.

» faire ce qu'elle fait, et, dans cinquante ans au plus, nos
» neveux (on n'aura plus d'enfants, on n'aura plus que des
» neveux), nos neveux verront ce qui restera de la famille,
» de la religion, de la vertu, de la morale et du mariage
» dans notre beau pays de France, dont toutes les villes
» auront de grandes rues, et dont toutes les places auront
» des squares, au milieu de l'un desquels il sera bon d'éle-
» ver une statue aux vérités inutiles. »

CHAPITRE V.

OBJECTIONS A UNE RÉFORME.

Nous n'ignorons pas les objections que cette thèse soulève. Elles ont été développées avec force, il y a quatre-vingts ans, lors de la discussion du titre de la paternité, et tout ce qui a été ajouté depuis n'en est que le développement. Elles se résument à deux; nous allons les étudier en détail.

I. — On dit d'abord : une loi autorisant la recherche de la paternité favoriscrait la calomnie et livrcrait les réputations les plus pures aux entreprises les plus audacieuses. Il suffirait d'une fille éhontée et d'une accusation téméraire, pour ternir un honneur sans tache et briser peut-être la paix d'un foyer jusque-là sans nuage. On appuie ces observations de considérations historiques : « Depuis longtemps, » disait en effet M. Bigot de Préameneu au Conseil d'Etat, » dans l'ancien régime, un cri général s'était élevé contre les » recherches de la paternité. Elles exposaient les tribunaux » aux débats les plus scandaleux, aux jugements les plus » arbitraires, à la jurisprudence la plus variable. L'homme » dont la conduite était la plus pure, celui dont les che- » veux avaient blanchi dans l'exercice de toutes les vertus, » n'étaient point à l'abri des attaques d'une femme impu- » dente ou d'enfants qui lui étaient étrangers. Ce genre de » calomnie laissait toujours des traces affligeantes. En un

» mot, les recherches de paternité étaient regardées comme
» le fléau de la société (1). »

Voilà bien l'objection dans toute sa force, logiquement et
historiquement. Voici maintenant la réponse.

En ce qui concerne le côté historique de l'objection, tout
porte sur une équivoque. Il est bien vrai, en effet, que dans
les derniers siècles de l'ancienne législation, des abus
criants s'étaient produits, et qu'un courant considérable s'é-
tait prononcé dans l'opinion pour en demander la suppression. Les invectives de l'avocat général Servan, du Parlement de Grenoble, en sont restées l'expression la plus ar-
dente et la plus célèbre. Mais si l'on examine d'un peu près
ces critiques, on ne tarde pas à se convaincre qu'elles por-
tent beaucoup moins sur le principe même de la recherche
que sur ses modes d'application. Ce que l'on ne veut plus
admettre, au sein des débordements du XVIIIᵉ siècle, c'est
que, sur une simple désignation de la dernière des créatures, un homme vertueux puisse être chargé d'une paternité infamante ; c'est que l'honneur des réputations et
du foyer soit remis à la parole d'une femme qui depuis
longtemps en a perdu le sens. J'ai parlé de Servan : il s'ex-
plique très-nettement sur ce point.

Ce qu'il critique, ce n'est point l'obligation pour le père
de nourrir son enfant et de dédommager sa victime ; ce
n'est pas davantage pour ceux-ci le droit de l'y contraindre
légalement en cas de refus. C'est le mode de preuve sanc-
tionné par la loi ; c'est ce témoignage unique, et quel témoignage ! faisant foi complète, lorsqu'il s'agit de l'intérêt le
plus sacré et de la démonstration la plus difficile ; ce sont
les iniquités qu'entraîne inévitablement une pareille législation. Écoutons plutôt : « Si leur déclaration (il parle des
» filles-mères) était soumise aux preuves ordinaires et
» légales, la vérité se ferait jour dans leur conduite. Elles

---

(1) Locré, *Législ. civ. de la France,* t. VI, page 232.

» le craindraient du moins, et la crainte d'un si honteux
» démenti, ou les ferait taire ou ne produirait que des accu-
» sations véritables (1). »

Or, personne ne demande aujourd'hui le retour aux principes anciens, ou plutôt personne n'en réclame la régle-
mentation primitive.

« Toutefois, ne nous hâtons point trop de sourire en rap-
» pelant cette jurisprudence qui faisait plus que d'ouvrir
» une action directe à l'innocence et à la chasteté outragées;
» qui, sans recourir à la preuve, la réputait en principe
» toujours sincère. Cette jurisprudence avait sa source dans
» la législation elle-même, qui réputait délit non-seulement
» la séduction, mais la simple cohabitation illicite. C'était
» ce délit qui était le principe de l'action et la présomption
» qui s'y ajoutait n'était point de celles qui s'imposent au
» juge en tout cas, sans contrôle. La loi de la réparation
» apparaissait alors comme une nécessité sociale. On ne
» croyait pas que l'irresponsabilité des séducteurs fût une
» exigence douloureuse, mais indispensable de la moralité
» publique, et que les bonnes mœurs, le repos des familles,
» la paix du foyer domestique eussent quelque chose à ga-
» gner à cette immunité des hommes qui s'y glissent pour
» y porter la honte et le trouble d'un irréparable déshon-
» neur. On les déclarait, au contraire, soumis comme les
» autres, peut-être encore plus que les autres, à la loi
» commune, qui impose à l'auteur d'un méfait l'obligation
» de le réparer, alors même que ce méfait échappe aux
» dispositions répressives. C'était, en un mot, au contraire
» d'une exception, l'application d'une règle générale, d'un
» principe reconnu par tous, encore bien qu'on l'ait, en
» pratique, depuis 1783, entouré dans le mode de preuves
» d'une certaine latitude et d'une certaine faveur (2). »

---

(1) *Œuvres choisies*, 3ᵉ plaidoyer, p. 393.

(2) Conclusions de M. Baune, avocat général près la Cour de Dijon
(*Gazette des Tribunaux*, 11 février 1874).

Tous les arguments, tirés à si grand fracas des abus de l'ancien régime, des plaintes qu'ils soulevaient, et qui sont une des armes principales de l'école adverse, disparaissent donc, et il ne reste plus qu'à examiner le fond de l'objection en elle-même.

« Cette loi donnerait lieu à des abus : une jeune fille pau-
» vre pourrait accuser des hommes riches, des patrons,
» des fils de patrons. D'abord, quelle est la loi qui ne se
» prête pas à des abus, et puis où est le mal que nos patrons
» et nos fils de patrons deviennent plus prudents et moins
» familiers avec leurs jeunes et belles salariées? Où est le
» mal que nos jeunes Lovelaces de fabrique encourent la
» responsabilité de leurs œuvres? Qu'ils fuient les jeunes
» filles volages et coquettes qui pourraient ternir leur ré-
» putation devant Monsieur le Juge de paix. Rien de mieux!
» Qu'ils cessent surtout de poursuivre la jeune vertu timide,
» mais faible. Rarement, une femme prêtera-t-elle en ce
» cas un faux serment (1). »

Ainsi, la crainte même de l'abus qu'on signale aura pour première conséquence de rendre les mœurs plus sévères et la vigilance plus rigoureuse. A notre tour, nous demandons : où est le mal?

Mais examinons de plus près encore. A qui s'attaqueront ces calomnies qu'on paraît tant redouter? On parle de vieillards blanchis dans la vertu. S'il suffisait de la simple déclaration de la mère, je le veux encore. Mais si l'on exige une preuve convaincante, sérieuse ; s'il faut, au préalable, établir la cohabitation, des assiduités régulières, porter la lumière enfin dans l'âme du juge, qui sera toujours sévère en pareille matière, ne voit-on pas que ceux-là seuls courront quelques risques que la légèreté de leurs mœurs y aura imprudemment exposés? Or, c'est ce que nous demandons.

---

(1) **Alexandre Weill**, *Que deviendront nos filles?* p. 125.

« Il est très-douteux que de semblables poursuites, dit
» Delvincourt (1) en parlant de l'ancienne législation, aient
» souvent été dirigées contre des personnes d'une vertu
» exemplaire et d'une réputation intacte. C'eût été trop
» maladroit de la part des demandeurs. Il est certain, au
» contraire, que ces sortes d'actions étaient presque tou-
» jours intentées contre des hommes d'une réputation plus
» que douteuse et dont la conduite irrégulière donnait la
» plus grande probabilité à la demande. »

Tout homme actionné en recherche de paternité aura
donc presque toujours à se reprocher quelque familiarité
compromettante. S'il est vraiment effrayé d'une poursuite
téméraire, il se résignera à plus de réserve, et tout en ira
mieux. S'il continue comme par le passé, tant pis si parfois
il s'expose à payer son imprudence un peu cher. Il ne me
semble pas digne d'une bien grande pitié. Ces observations
répondent à cette autre crainte de voir des libertins opulents
s'entendre avec la mère de l'enfant pour faire retomber le
poids de la paternité sur quelque obscure honnêteté. D'une
part, en effet, on ne pourra songer à poursuivre que celui
qui se sera lui-même compromis par sa propre imprudence;
et, d'autre part, le pouvoir souverain des tribunaux est là
pour prévenir, dans la mesure du possible, de semblables
périls.

Enfin, rien n'empêche qu'au moyen de certaines garanties, suffisamment justifiées par la gravité des intérêts en
jeu, on ne prévienne la multiplication des abus. Une répression sévère, lorsque le magistrat se trouverait en face d'une
calomnie bien caractérisée ; un serment que rarement la
mère oserait prêter contre sa conscience ; une sorte d'a-
mende confisquée en cas de poursuite téméraire, tels pourraient être autant de freins à opposer à la spéculation et à la
mauvaise foi.

------

(1) Cours de Code civil, p. 387.

D'ailleurs, si la paix des familles risque d'être quelquefois compromise par cette réforme, nous avons déjà dit et nous rappelons ce qu'y gagneraient certainement leur dignité et leur moralité. Qu'on mette en balance les avantages avec les inconvénients, et que l'on juge !

Basnage était moins timoré : pour lui, le droit des enfants avant tout. *Alimentorum prœstatio pulsat verecundiam*, écrivait-il ; l'obligation alimentaire lui paraissait plus forte que ces scrupules.

II. — La seconde objection est tirée des incertitudes qui s'attachent inévitablement à un pareil genre de preuve. La maternité, dit-on, est susceptible d'une démonstration directe, matérielle ; elle se traduit extérieurement par des faits qu'il est ordinairement facile d'établir. Mais qui a jamais pu sonder les mystères de la paternité ?

Qu'une telle démonstration soit pleine d'ombres et de difficultés, je n'y contredis pas. Mais si l'objection doit être prise dans sa rigueur, et si, de ce que la paternité échappe à une démonstration matérielle, la preuve doit en être rejetée, il faut immédiatement tirer les deux conséquences suivantes :

Premièrement, suppression de la présomption, consacrée cependant dans toutes les législations civilisées, qui répute nés du mari tous les enfants conçus pendant le mariage. Car, ici aussi, toute preuve directe fait absolument défaut. Et, d'autre part, avec nos mœurs relâchées où la fidélité conjugale fait si souvent place à l'adultère, la présomption légale n'est souvent qu'un mensonge.

Deuxièmement, interdiction complète, et pour le même motif, de toute recherche de paternité naturelle, même au cas excepté par nos législateurs, où l'époque de l'enlèvement coïncide avec celle de la conception.

Or, les plus absolus partisans de l'objection que je combats n'ont pas osé pousser la logique à ce point.

Tout le problème se ramène donc à ces termes qui n'of-

frent rien d'irréalisable : trouver dans les circonstances de
chaque cause des présomptions suffisantes pour rattacher,
avec une certitude morale, l'enfant au père qu'il indique.
C'est ce que disait M. Boulay, au conseil d'Etat : « Si l'on
» croit que les exceptions soient nécessaires, il faut du
» moins les faire résulter de faits clairs et simples. »

Et encore M. Demolombe :

« La déclaration de paternité n'est, écrit-il dans un lan-
» gage d'une exactitude rigoureuse, que la conséque ce
» juridique d'un fait auquel la loi civile permet d'attacher
» une présomption de paternité. » Et développant cette idée
pour démontrer pourquoi l'on doit étendre, suivant lui,
l'exception de l'article 340 du rapt de violence au rapt de séduction, il s'exprime ainsi :

« Comment! voilà un homme qui, par fraude, a enlevé
» une fille mineure, ou qui, même par séduction, a décidé
» une fille mineure au-dessus de seize ans à le suivre : l'é-
» ducation de cette jeune fille, ses mœurs jusque-là tou-
» jours pures, les circonstances du fait, enfin, qui témoi-
» gnent qu'elle a été sous la puissance exclusive de son ra-
» visseur, tout démontre aux magistrats que ce ravisseur
» est certainement le père de l'enfant. Et la paternité ne
» pourrait pas être recherchée contre lui? Cela ne serait-il
» pas inique et immoral (1)? »

Toute la question se résume donc ainsi : étant données
des circonstances telles, que pour la conscience du juge
elles fassent preuve complète de la paternité, doit-on retenir
sa conviction sur ses lèvres et lui défendre, sous prétexte
d'incertitudes possibles, d'énoncer avec son arrêt, la vérité
qu'il porte dans son esprit et dans son cœur? Or, il est incontestable qu'en dehors du cas limitativement prévu par
l'article 340, il en est d'autres où la certitude peut être aussi
complète. Nous demandons que la même règle puisse leur

---

(1) *Paternité et Filiation*, p. 493.

être appliquée. Le pouvoir discrétionnaire des magistrats, de sérieuses garanties pour prévenir les poursuites téméraires, il n'en faut pas davantage, ce nous semble, pour répondre à toutes les objections et rassurer tous les scrupules.

Ne voit-on pas tous les jours, devant nos tribunaux correctionnels, des prévenus condamnés aux peines les plus sévères, en l'absence de toute preuve directe et de tout témoignage immédiat, mais sur ces présomptions morales qui souvent équivalent à l'évidence? Vient-il pourtant à la pensée de crier à l'injustice? Or, nous ne demandons pas autre chose ici. Il ne peut s'agir d'arbitraire ni de scandale.

L'article 339 de notre Code est, au surplus, notre meilleure réponse. Il accorde à tout intéressé le droit de contester la reconnaissance du père ou de la mère, de même que toute réclamation d'état de la part de l'enfant. Or, une pareille contestation n'est autre chose qu'une véritable action en recherche de paternité ou de maternité, suivant les cas. Les juges n'ont, en pareil cas, en effet, qu'un point à résoudre : un tel est-il fils de tel père ou de telle mère? Or, si des parents parfois éloignés, pour défendre un intérêt purement pécuniaire, ont le droit de poser une telle question, comment le refuserait-on à l'enfant et à sa mère? Et comment la preuve, admise au premier cas, serait-elle impossible au second?

CHAPITRE VI.

DE QUELQUES PROJETS DE RÉFORMES.

Après tout ce qui précède, un point nous paraît absolument certain : c'est la nécessité pressante de rayer l'article 340 de nos Codes, et de lui substituer la possibilité pour l'enfant naturel de rechercher son père et de revendiquer contre lui les droits résultant de sa filiation.

Mais, le principe établi, il reste à en régler l'application.

Si nous écrivions en moraliste, nous montrerions dans la conscience le frein principal au débordement de ces passions ardentes où tant de pauvres êtres trouvent le germe d'une existence flétrie dès sa fleur. Nous ajouterions que la Religion, avec les forces qu'elle donne à l'âme chrétienne, peut seule tarir la source de ces désordres qui vont souvent jusqu'à la dégradation. Non, ce n'est point en attaquant imprudemment la sainteté du pacte conjugal ; ce n'est point en prêchant l'union libre et l'inutilité de la famille, qu'on restaurera nos mœurs ébranlées et qu'on diminuera le nombre de ces tristes fruits de l'adultère et de la débauche. L'Eglise catholique savait bien ce qu'elle faisait, lorsqu'à la face du monde où la passion régnait en maîtresse, elle proclamait l'indissolubilité du mariage, sans laquelle il n'y a pas de perpétuité pour le foyer, et, par suite, pas de sécurité pour l'enfant.

Mais nous faisons ici œuvre de jurisconsulte. Etudions donc par quels moyens la loi pourrait et devrait, chez nous, venir en aide aux prescriptions de la morale et de la Religion.

I. — Il va sans dire que nous ne demandons point le retour à l'ancienne règle du président Favre. Non, la seule déclaration de la mère ne saurait suffire pour faire aujourd'hui, en dehors de tout autre élément, preuve complète de la filiation naturelle. Outre qu'une pareille règle soulèverait contre elle d'insurmontables résistances, il y a longtemps qu'elle n'est plus praticable.

Nous n'entendons pas blâmer les siècles qui ont eu assez de vertu, ou plutôt, assez de pudeur jusque dans la faute, pour la conserver. Mais nous sommes loin de ces mœurs, et déjà, nous l'avons dit, les anciens Parlements, frappés des abus qui s'étaient produits, avaient été contraints d'en modifier l'application. Ainsi, on se le rappelle, le simple fait d'être engagé dans les liens du mariage ne suffisait plus à protéger l'époux contre les recherches de paternité. Pouvait-il continuer d'en être ainsi, à une époque où la fidélité conjugale commençait à passer pour une habitude surannée et faisait place à des intimités adultères dont on songeait plus souvent à s'enorgueillir ou à plaisanter qu'à rougir?

« Ce qui était de bonne foi, il y a cent ans, disait l'avocat
» général Servan (1), est aujourd'hui crédulité. Nous avons
» surtout plusieurs de nos grandes villes où l'effronterie
» des filles de bas ordre a fait de ces déclarations un fléau
» public. On les a vues se former de leur fécondité un com-
» merce d'un nouveau genre, promenant de maison en mai-
» son, d'homme en homme, la menace d'une accusation,
» pour lever un tribut et une sorte de capitation sur la fa-
» culté d'être père. On en a vu même qui se supposaient un

____

(1) *Œuvres choisies*, Paris, 1825, 3ᵉ plaidoyer, p. 379.

» déshonneur dont elles étaient exemptes, et qui osaient
» créer plusieurs pères à un enfant qui n'existait pas...
» L'abus était si bien connu, que ces déclarations faisaient
» un sujet de raillerie plutôt que de honte, et qu'on les
» mettait au rang des petits inconvénients de la société
» civile. »

Ainsi, autant nous comprenons la maxime *Creditur virgini,* dans un temps meilleur que le nôtre, autant nous reconnaissons l'impossibilité et même le danger de lui resti-
tuer aujourd'hui une place dans nos lois.

II. — Dans sa séance du 18 décembre 1864, la *Société
des études pratiques d'économie sociale* a abordé la question
des réformes à introduire dans notre législation en matière
de séduction. Voici les conclusions du rapport présenté, sur
cette question, par M. Albert Gigot, avocat au conseil d'État
et à la Cour de cassation :

« Pour les enfants adultérins ou incestueux qui ne peu-
» vent être reconnus, on admet le droit de demander des
» aliments, lorsqu'une reconnaissance irrégulière constate
» leur filiation.

» Il serait possible d'ajouter à l'article 334 une disposition
» analogue, et de faire de la reconnaissance irrégulière de
» l'enfant naturel, telle que celle qui résulte d'une corres-
» pondance, d'un acte sous seing privé, et qui ne suffit pas à
» établir la filiation, un titre suffisant pour autoriser l'enfant
» à demander des aliments à l'auteur de cette reconnais-
» sance.

» L'article 340 permet aux juges de déclarer la paternité
» dans le cas d'enlèvement et lorsque l'époque de l'enlève-
» ment se rapporte à celle de la conception. Cette disposi-
» tion ne s'applique qu'au rapt par violence ; elle pourrait
» être étendue au *rapt de séduction.*

» Ici on ne serait pas arrêté par les considérations qui
» ont déterminé le législateur à interdire la recherche de la
» paternité, puisqu'on serait en présence d'un fait notoire

» et qu'il ne serait pas nécessaire de porter dans l'intimité
» de la vie privée les recherches de la justice.

» Ces modifications, en complétant et en fortifiant la ju-
» risprudence actuelle, semblent devoir donner une satis-
» faction suffisante aux nécessités sociales. Ce sont peut-être
» les seules que, dans l'état actuel de l'opinion et de nos
» mœurs, comportent notre législation pénale et notre légis-
» lation civile (1). »

La première de ces dispositions est, si l'on s'en souvient,
la reproduction textuelle de l'article 187 du Code Sarde, et
on ne peut disconvenir qu'elle serait aujourd'hui une amélioration relativement sérieuse.

Mais nous sommes de l'avis de M. Foucher de Careil. Ces
modifications, toutes admissibles qu'elles soient, prises iso-
lément, ont le grand tort d'être incomplètes et de ne plus
s'harmoniser avec l'ensemble de notre législation sur la matière. Entre les deux principes, il faut oser choisir : ou autoriser la recherche, si l'on estime que notre Code mérite les
reproches que nous lui avons adressés ; ou, au cas contraire,
maintenir l'interdiction avec ses conséquences.

Il y a plus : c'est une question de savoir quels droits il convient d'attribuer à l'enfant naturel par rapport à l'enfant
légitime : s'il faut, par exemple, ne l'admettre qu'aux aliments, comme le faisait le droit canonique ; s'il y a lieu de
lui conférer des avantages plus étendus ; je ne parle pas de
l'égalité complète introduite par le droit révolutionnaire,
qui était une insulte au bon sens et à la conscience. Mais
une fois la règle posée, nous ne comprenons pas qu'on la
scinde, et qu'on l'applique pour moitié ou pour le tout, suivant que la justification aura été administrée dans une forme
ou dans l'autre. Pourquoi, par exemple, la reconnaissance
sous seing privé donnerait-elle droit aux aliments et n'au-

---

(1) *Bulletin de la Société,* t. I, p. 34.

toriserait-elle pas à profiter des autres avantages de la filiation constatée?

Est-ce qu'il suffit, au premier cas, d'une certitude moindre que dans le second? Et si elle est suffisante dans celui-ci, pourquoi ne le serait-elle pas aussi dans celui-là?

Il y a ici une situation indivisible : ou l'enfant est issu de tel père ou non; si la preuve est faite pour les aliments, elle doit l'être pour l'état civil et pour la succession. On n'est pas enfant de quelqu'un à moitié, au tiers, au quart : on l'est, ou on ne l'est pas. Toute la difficulté porte sur le mode de démonstration. Mais tel mode une fois admis, doit faire preuve complète. D'ailleurs, pourquoi scinder ainsi? Quand il ne s'agit plus que d'appliquer les conséquences d'un fait préétabli, les objections tirées du scandale et de l'incertitude s'évanouissent absolument.

La question n'est donc pas de partager les droits en proportion de la démonstration fournie, mais de rechercher les preuves dont la prudence et la justice autorisent l'admission. L'enfant n'a pas seulement le droit de vivre ; pourquoi ne réclamerait-il pas un nom de celui qui lui a donné la vie? On ne saurait arbitrairement l'en priver. Voilà pourquoi, tout en reconnaissant l'utilité des réformes proposées par M. Albert Gigot, nous les trouvons insuffisantes et timorées.

Nous devons en dire autant des améliorations signalées par M. Barthélemy Joubaire, dans son *Essai sur la Révision du Code civil* (1). Elles se ramènent à trois : extension de l'article 340 au cas de rapt par séduction et de viol, admission de la possession d'état comme preuve de la filiation, sanction des engagements alimentaires consignés par le père dans des papiers domestiques ou des lettres missives. Nous l'avons dit, ces palliatifs sont insuffisants. L'auteur, d'ailleurs, professe pour le principe de l'interdiction une sympathie qui ne lui permettait pas de pousser plus loin ses réformes.

____

(1) Titre VII, *De la Paternité et de la Filiation*, p. 41.

III. — Ce n'est pas le reproche que l'on peut faire aux conclusions qui terminent le livre de M. Emile Acollas, sur l'*Enfant né hors mariage*. Celles-là sont radicales dans la plus complète acception du mot et les législateurs de la Convention n'eussent pas refusé de les sanctionner.

L'auteur voudrait, en effet, que dans le cas où il y a eu concubinage proprement dit, c'est-à-dire, cohabitation prolongée et suivie, les enfants nés pendant cette période fussent présumés issus des concubines, comme pendant la durée du mariage ils sont, par la loi, présumés nés des œuvres des époux. Au fond, c'est l'assimilation de l'union libre et de l'union conjugale.

Cette assimilation, nous la retrouvons encore dans l'article 1er du projet de M. Acollas : « Tous les enfants » sont égaux entre eux devant la loi, » sans distinction de bâtards et légitimes. Quant au mode d'établir leur filiation, ils ont, dans ce système, le « droit de présenter *au jury* tous » les moyens de preuves dont ils disposent, » ajoute l'article 7. Quelque absolu que nous puissions être dans nos conclusions, nous ne saurions accepter de pareilles doctrines. Il y a, dans le livre de M. Acollas, des pages que nous adoptons pleinement : nous sommes d'accord avec lui sur le principe, et avec lui nous poursuivons l'abolition immédiate de l'article 340. Mais tout en reconnaissant le droit de l'enfant, nous ne saurions isoler celui-ci de son origine.

Il en est innocent, sans doute ; mais c'est la loi de la solidarité que les fils expient dans quelque mesure la faute de leurs auteurs, comme ils profitent de leurs vertus et de leur fortune. D'ailleurs, est-il bien sage de confier à un jury, si scrupuleusement choisi qu'on peut le supposer, la mission de juger ces questions où il n'est pas trop de toute la sagacité et de toute l'expérience du juge pour discerner la vérité? Non, il faut à de pareils intérêts d'autres garanties de justice et d'impartialité, et c'est le moins que l'honneur des gens soit soumis à la même protection que leurs biens.

Voilà où l'on en arrive avec la passion et le préjugé pour guides. L'auteur nous permettra bien, en effet, de lui dire, que la passion l'aveugle lorsqu'il accuse l'Eglise catholique. A son insu peut-être, mais très-certainement, elle l'égare quand il lui reproche, entre autres choses, d'avoir *proclamé la légitimité de l'esclavage*, au lieu de l'abolir (1); ou encore, de *considérer la femme comme un être inférieur* (2). Car s'il est un fait historiquement démontré, c'est que le catholicisme eut le premier, sur les ruines du monde romain, l'honneur d'attaquer l'esclavage en face et de rétablir la femme, ou plutôt de l'établir dans une dignité qu'elle n'avait jamais connue, aux meilleurs jours de l'antiquité.

IV. — Ce que nous avons dit plus haut des tentatives de la jurisprudence pour réagir contre une législation vicieuse, prouve que là encore le remède est incomplet. En effet, les tribunaux auront beau faire, tant que l'article 340 existera, ils seront obligés de le respecter et de le faire respecter. S'ils l'oubliaient, la Cour de cassation est là tout exprès pour le leur rappeler. Donc, voilà l'enfant condamné inévitablement à l'impossibilité de rechercher son père, hors le cas, heureusement rare, prévu par le second paragraphe de l'article 340. Quelque habileté qu'il déploie, tous ses efforts et tous ses artifices de procédure viendront échouer devant le principe d'interdiction. Tout au plus, dans le cas où son père l'aura nanti d'un engagement régulier portant obligation de lui servir des aliments, pourra-t-il en réclamer l'exécution.

« Ainsi, s'écrie M. Morelot (3), la preuve du fait délictuel » de la paternité illégitime, autorisée en faveur de la mère

---

(1) Page 11.
(2) Page 65.
(3) *De la Reconnaissance des enf. illég.*, p. 274.

» qui réclame des dommages-intérêts d'une douteuse appré-
» ciation , sera interdite à l'enfant qui ne demande que les
» moyens de vivre : possible pour celle-là , plus ou moins
» complice , elle sera réputée impossible pour celui-ci, vic-
» time assurément irréprochable. L'humanité et la raison
» ne voudraient-elles pas le contraire ? »

Quant à la mère, nous avons dit que sa situation était un peu meilleure. Au cas de séduction bien caractérisée, elle peut, en effet, nourrir l'espoir de quelque réparation. Encore, faut-il de sa part une circonspection de langage et une prudence de rédaction dont l'absence a souvent entraîné la perte de procès de cette nature. Nous en avons donné la raison. En matière de séduction, ou d'inexécution de promesses matrimoniales, le premier élément de préjudice c'est la naissance de l'enfant, s'il y en a un. Mais apprécier cet élément et en tenir compte, c'est reconnaître qu'il est des œuvres du séducteur. L'action pour séduction se confond de la sorte avec une véritable recherche de paternité , et la plupart du temps se heurte aux mêmes obstacles.

Dans tous les cas, elle expose aux mêmes dangers pour un résultat moins favorable et moins complet. La recherche de la paternité, répondait en effet Cambacérès au Premier Consul, n'a pas plus d'inconvénients que la demande en payement de dommages-intérêts ; elle entraîne le même scandale et expose aux mêmes spéculations (1).

De plus, ajoutait-il, « il serait immoral qu'un ravisseur,
» contre lequel la paternité aurait été prouvée à l'effet de
» le faire condamner à des dommages-intérêts, ne fût pas
» réputé le père de l'enfant envers lequel il aurait été con-
» damné (2). »

Ce serait pourtant le résultat auquel on aboutirait si l'on

---

(1) Locré, *Législation civile de la France*, t. VI, p. 122.
(2) *Idem*, p. 119.

érigeait la solution dont nous parlons, en article de loi. En effet, l'enfant serait reconnu comme issu du père à l'effet de faire obtenir une indemnité à la mère; et néanmoins lui, l'innocent, la victime, demeurerait personnellement étranger au père et ne pourrait même obtenir les aliments nécessaires à sa subsistance! Nous disions, tout à l'heure, qu'on n'est pas fils à demi. On n'est pas non plus père à moitié; et quand la démonstration de la paternité a été légalement administrée, elle doit valoir pour le tout.

Ainsi, impossibilité pour l'enfant, extrême difficulté pour la mère d'obtenir une réparation, telle est aujourd'hui la situation la meilleure créée par les décisions les plus clémentes. Après cela, nous avons bien le droit de dire qu'à son tour elle nous paraît insuffisante et ne réalise pas l'idéal de nos réformes.

CHAPITRE VII.

CONCLUSION ET SYSTÈME PROPOSÉ.

Nous venons de le voir : ni les tempéraments les plus favorables d'une jurisprudence d'ailleurs incertaine, ni les modifications partielles proposées ne peuvent satisfaire à ce que la justice réclame. Tout au plus amoindriraient-ils le mal. Leur résultat le plus clair serait d'introduire la contradiction et l'inconséquence dans une théorie dont la rigueur actuelle a du moins le mérite de la logique.

Si nos critiques sont fondées ; si, comme nous osons le croire, nous sommes parvenus à démontrer, non pas seulement l'utilité, mais l'absolue nécessité d'une réforme, c'est le principe même qu'il importe de changer. Là où les législateurs de 1804 ont posé cette maxime égoïste : *La recherche de la paternité est interdite*, il faut résolûment tracer la règle contraire, et écrire qu'à l'avenir tout enfant pourra rechercher son père, sous les seules conditions que la prudence et toute bonne justice réclament.

Ce sont ces conditions que nous allons étudier.

Nous ne nous dissimulerons pas que c'est là le point le plus difficile, et partant le plus contestable de notre travail. Aussi n'avons-nous pas la prétention d'imposer des conclusions ; nous ouvrons des aperçus ; nous soumettons des appréciations personnelles. De plus expérimentés que nous jugeront le cas qu'il convient d'en faire.

I. — Au premier rang des preuves de la paternité naturelle, toutes les législations ont invariablement placé la reconnaissance faite par acte authentique. Il est inutile d'y insister. C'est, à proprement parler, l'acte de naissance du bâtard. C'est, en même temps, de la part du père l'accomplissement d'un devoir dont nous avons eu plus d'une fois l'occasion de dire la rigueur. L'idéal serait de voir ces reconnaissances se multiplier dans une large mesure. Quand on a le courage d'avouer sa faute et de travailler à la réparer, on est bien près d'être guéri.

II. — C'est un point beaucoup plus controversé, que de savoir s'il convient d'accorder la même efficacité à la reconnaissance faite sous la simple forme d'un acte sous seing privé. Nos législateurs ne l'ont pas pensé, et nous en avons dit les motifs. Au premier rang, figure la pensée d'assurer la liberté du consentement par la publicité de l'écrit qui le constate, et la garde dans des dépôts publics d'actes qui intéressent à un si haut degré l'état civil et la condition des personnes.

Nous ne méconnaissons pas la gravité de ces raisons. Mais en voici, selon nous, de plus puissantes à leur opposer, ou plutôt, voici les moyens d'y donner satisfaction, sans s'y tenir exclusivement.

La reconnaissance de l'enfant naturel est l'accomplissement d'un devoir dont la société profite au même titre que l'individu. Le législateur doit donc encourager par tous les moyens dont il dispose un acte aussi essentiellement moral et réparateur. Or, si la solennité des formes authentiques est bien faite pour assurer la liberté des reconnaissances, elle est, par contre, de nature à effrayer des caractères timides, par la nécessité de cette confession publique en présence de témoins, devant un officier ministériel ou un magistrat dont, par la force des choses, la seule présence pèse comme un reproche. Il ne faut pas se le dissimuler, en effet; l'amour-propre souffre profondément d'un pareil aveu, et c'est toujours un danger de placer ainsi l'homme le mieux intentionné entre la faiblesse de sa volonté et la nécessité de son devoir. Qui dira les bonnes volontés étouffées par cette crainte? les réparations prévenues par la perspective de cette humiliation?

La reconnaissance sous seing privé, au contraire, met à l'aise les natures les plus hésitantes. Tout se passe entre le père et l'enfant; souvent même l'enfant y demeurera étranger. Il suffira d'une heure de repentir, d'un moment de sérieuse réflexion, et un grand acte de justice se sera accompli.

Rappelons-nous d'abord le point de départ de la législation que nous élaborons : la recherche de la paternité est permise. Or, n'y aurait-il pas contradiction à ce que, là où de simples présomptions extérieures, des soins plus ou moins prolongés, quelques assiduités compromettantes suffiraient à autoriser la poursuite de l'enfant, un acte écrit par le père lui-même, portant l'expression d'une volonté qu'il faut supposer librement donnée en l'absence de preuves contraires, ne fût pas considéré comme une démonstration suffisante? Autant la reconnaissance sous seing privé pouvait paraître dangereuse dans le système de l'article 340, autant sa prohibition deviendrait inconséquente dans la théorie dont nous croyons avoir établi la nécessité. Il va sans dire que l'acte portant reconnaissance devrait être net et précis. De simples allégations dans une lettre, une phrase isolée, une confidence intime pourraient rendre la preuve admissible ; elles ne sauraient en tenir lieu, et sur ce point les tribunaux devraient se montrer d'une rigueur nécessaire.

Le testament olographe suffit à l'expression des volontés suprêmes d'un mourant; le défunt aura pu, de la sorte, disposer de l'intégralité d'une fortune considérable peut-être, exprimer sur l'éducation de ses enfants ses intentions dernières qui deviendront une loi, choisir un tuteur pour les plus jeunes de ses fils. Pourquoi ne pourrait-il, dans la même forme et aux mêmes conditions, constituer un état civil à celui que sa faute en a privé, et l'appeler avec ses autres héritiers au partage de sa succession ? Pourquoi, si la maladie le surprend en pays étranger, alors que tout moyen de conférer à l'expression de sa volonté le caractère de l'authenticité lui manque, rendre impossible la réparation que sa conscience lui commande ? Si les garanties sont suffisantes dans un cas, elles doivent l'être dans l'autre, et pour les mêmes motifs.

Sans doute, la captation, des influences calculées pourront parfois abuser d'une volonté affaiblie. Ces inconvénients pourtant seront mille fois plus rares en matière de reconnaissance, que lorsqu'il s'agit d'héritage à recueillir.

Et puis, les tribunaux sont là pour déjouer les fraudes. Tous les intéressés, j'entends ceux-là mêmes qui ne peuvent faire valoir qu'un intérêt moral, auront le droit d'attaquer une reconnaissance surprise par violence ou par dol. Enfin, toutes les fois que les juges conserveront un doute sérieux sur la sincérité de l'acte qui leur sera représenté, ils refuseront de sanctionner les réclamations de l'enfant. Au besoin même, ce dernier pourra être puni comme calomniateur.

Ainsi, pour garantir la liberté du père et la protéger contre des obsessions frauduleuses, nous croyons suffisantes les deux règles que voici :

1º Toute reconnaissance sous seing privé devra être, en entier, écrite, datée et signée de la main de celui dont elle émane ;

2º Tout acte sous seing privé, portant reconnaissance d'enfant naturel, pourra être attaqué par les intéressés, sans qu'ils soient tenus de justifier au préalable d'un commencement de preuve par écrit, dans le sens rigoureux de la loi. Un simple intérêt moral suffira à justifier leur action.

Reste la seconde objection : il y aurait imprudence, dit-on, à confier à de simples feuilles volantes, sans garantie de conservation et de durée, un acte aussi important. « Comme l'état des personnes est de toutes les choses, celle » qui doit être la plus assurée, parce que c'est ce qu'il y a » de plus immuable dans la société, vu qu'il n'est permis à » aucun individu de l'aliéner, ni d'en changer, voilà pour- » quoi l'acte de reconnaissance doit être authentique pour » produire tous ses effets (Proudhon, *Etat des personnes*, » tome II, p. 141). » Le remède est bien simple : qu'on soumette l'enfant qui l'invoque à l'obligation d'en effectuer le dépôt aux minutes d'un notaire, et au besoin d'en faire dresser un procès-verbal descriptif par le président du tribunal, exactement comme en matière de testament olographe. L'acte sous seing privé échappera ainsi aux chances de destruction ou d'altération qu'on redoute, et sa protection sera complète.

On pourrait aussi autoriser le notaire à délivrer un certificat de dépôt, au vu duquel le maire rectifierait en marge des registres de l'état civil l'acte de naissance de l'enfant reconnu. Ce serait une disposition analogue à celle par laquelle la loi de 1850 l'oblige à délivrer aux futurs époux un certificat constatant le régime auquel ils ont subordonné le règlement de leurs intérêts.

Ainsi, la reconnaissance sous seing privé, faite et déposée dans la forme des testaments olographes, aurait l'avantage d'en multiplier le nombre en les rendant plus faciles ; tandis que les conditions sur lesquelles nous venons de nous arrêter en assureraient la liberté et la conservation.

Quelques coutumes de l'ancien droit, celles de Paris notamment, consacraient cette solution, en partant de ce principe, que le testament olographe devait être considéré comme un acte authentique (1).

----

(1) **Loiseau**, *Traité des Enfants naturels*, p. 464.

C'est à peu près ce que décide encore aujourd'hui le nouvel article 185 du code Sarde, ainsi conçu :

« ART. 185. — La recherche de la paternité n'est admise
» que dans les cas suivants :

» 1° Lorsqu'on représente *un écrit émané de l'individu*
» *désigné comme père de l'enfant et par lequel cet individu*
» *déclare sa paternité*, ou duquel il résulte qu'il a donné à
» l'enfant une suite de soins à titre de paternité. »

« Malgré les critiques dont ce système peut être l'objet,
» écrit M. Hérold, dans la *Revue du Droit français* (1),
» nous le croyons préférable au nôtre : il facilitera et mul-
» tipliera les reconnaissances. Doit-on craindre qu'il favo-
» rise par trop les abus de certaines influences? Non : on
» exige que la reconnaissance soit écrite de la main de celui
» qui se reconnaît auteur de l'enfant. C'est là déjà une ga-
» rantie, quoiqu'assez faible, nous l'avouons. »

Elle paraîtra suffisante, néanmoins, si l'on réfléchit au
petit nombre de reconnaissances mensongères qu'il y a
raisonnablement lieu de redouter. Il faut, en effet, supposer
d'une part, une témérité bien audacieuse, et de l'autre, une
volonté bien affaiblie ou étrangement égarée, pour croire
que la première ose proposer et que la seconde accepte facilement de signer un acte qui serait pour l'un, s'il était men-
songer, une folie, et pour les deux une honte.

III. — Après les preuves qu'on peut appeler volontaires
et qui résultent de la reconnaissance par le père, il reste à
examiner s'il n'y a pas lieu, en cas de contestation, d'autoriser l'enfant à faire contre lui la preuve judiciaire de sa paternité.

Au premier rang de ces preuves, plaçons d'abord la *possession d'état*. Nous avons déjà dit que, dès aujourd'hui, et

---

(1) Tome XI, p. 28.

malgré le régime d'interdiction qui fait le fond de notre loi française, bon nombre d'auteurs, et des meilleurs, estiment que la possession d'état peut faire, tant contre le père que contre la mère, preuve complète de la filiation naturelle. MM. Demolombe et Valette, pour n'en pas citer d'autres, ont soutenu cette thèse, que la jurisprudence a consacrée par plusieurs arrêts. D'ailleurs, si les avis diffèrent sur la question juridique et sur l'interprétation de la législation actuellement en vigueur, tous s'accordent, ou à peu près, pour convenir qu'en principe la possession d'état est la plus éclatante et la plus élémentaire des démonstrations, c'est-à-dire qu'au fond, ceux qui combattent son admissibilité présente, font des vœux pour qu'elle reçoive dans l'avenir la consécration d'une disposition formelle. Et c'est justice.

L'article 321, au titre de la filiation légitime, définit ce qu'il faut entendre par possession d'état : « Elle s'établit, dit-
» il, par une réunion suffisante de faits qui indiquent le
» rapport de filiation et de parenté entre un individu et la
» famille à laquelle il prétend appartenir. Les principaux de
» ces faits sont que l'individu a toujours porté le nom du
» père auquel il prétend appartenir ; que le père l'a traité
» comme son enfant et a pourvu, en cette qualité, à son en-
» tretien et à son établissement ; qu'il a été reconnu con-
» stamment pour tel dans la société ; qu'il a été reconnu
» pour tel par la famille. »

Or, ces faits, ou du moins ceux de ces faits qui peuvent se représenter en matière de filiation naturelle, ne sont-ils pas la preuve la plus saisissante de cette paternité, souvent, j'en conviens, si difficile à fixer? Comment! Pendant vingt, trente ans peut-être, un homme en aura traité un autre comme son fils ; il l'aura admis à son foyer, lui aura donné une place à sa table ; il l'aura présenté en cette qualité à la famille et aux amis. Durant ce long espace de temps, ses soins ne se seront pas démentis un seul instant. Enfant, il l'aura élevé ; adolescent, il l'aura instruit ; jeune homme, il l'aura marié. Et quand cet homme sera mort, ses héritiers, la loi à la main, pourront victorieusement prétendre qu'aucun lien ne le rattachait à celui qu'il a si longtemps traité comme son fils, et le chasser du toit sous lequel s'est peut-être écoulée sa vie tout entière? Cela n'est pas possible. On veut une reconnaissance. La voilà avec tous les caractères de la sincérité, de la publicité, de la durée, à l'abri de toutes surprises, échappant à toute influence, procédant uniquement de la justice et de l'affection, deux bons juges en cette matière. La loi ne saurait la méconnaître.

Je dis plus. La possession d'état qui fait incontestablement preuve de la filiation légitime, acquiert encore un nouveau degré de certitude, lorsqu'on l'applique à la filiation naturelle. A reconnaître un enfant comme issu du mariage avec tous les caractères de la légitimité, on ne compromet rien de ce qui tient à l'honneur. Mais traiter un bâtard comme tel, avouer publiquement le vice de sa naissance, c'est confesser sa propre honte et désavouer son passé. Or, on ne va pas ainsi, de gaîté de cœur, au-devant des sévérités de l'opinion, parfois de ses flétrissures, sans y être poussé par une irrésistible vérité.

Disons donc que, toutes les fois que l'enfant pourra faire la preuve que, conformément aux termes et à l'esprit de l'article 321, il a eu la possession constante et publique de l'état d'enfant naturel, il pourra judiciairement en revendiquer le bénéfice et en poursuivre les droits, aussi bien contre le père que contre la mère.

Dans le projet primitif du titre de la paternité, l'article 7 du chapitre III portait que l'enfant pourrait poursuivre sa filiation contre sa mère, à la condition de justifier « d'un » commencement de preuve par écrit ou d'une possession » constante de la qualité de fils naturel de la mère qu'il ré- » clame. » A quoi, dans la séance du 26 frimaire an x, Portalis répondit :

« En général, toutes les fois qu'on jouit de son état, con- » stamment, publiquement et sans trouble, on a le plus » puissant de tous les titres. Il serait donc absurde de pré-

» senter la possession constante comme un simple com-
» mencement de preuve , *puisque cette sorte de possession*
» *est la plus naturelle et la plus complète de toutes les*
» *preuves.* Des faits de possession isolés, passagers et pu-
» rement indicatifs peuvent n'être qu'un commencement
» de preuve : *mais il y a preuve entière lorsqu'il y a pos-*
» *session constante* (1). »

D'autres orateurs, après lui, MM. Boulay et Cambacérès
entre autres, exprimèrent la même opinion. De telle sorte,
que, s'il peut y avoir doute sur le sens de tel ou tel article du
Code, il ne saurait être contesté que, de l'aveu de tous, la
possession d'état a été considérée comme la plus puissante
des démonstrations, et que conséquemment elle doit prendre place dans nos lois, au premier rang des moyens ou-
verts à l'enfant pour faire constater sa filiation.

Telle était la disposition du décret du 12 brumaire an II,
qui, réglant les droits des enfants naturels existants, dont
les pères étaient morts depuis la publication du décret du
4 juin 1793, les autorisait à établir leur filiation par possession d'état. L'article 8 de ce décret était, en effet, ainsi
conçu :

« Cette preuve ne pourra résulter que de la représentation
» *d'écrits publics ou privés du père, ou de la suite des soins*
» *donnés, à titre de paternité, et sans interruption, tant à*
» *leur entretien qu'à leur éducation.* »

On voit que le décret admettait aussi les reconnaissances
sous seing privé, comme constituant au moins un commencement de preuve de la paternité.

« Pourquoi exiger l'écrit, dit M. Hérold dans l'article que
» nous avons déjà cité, relatif au projet de réforme du code
» Italien ? Ne peut-on pas concevoir des cas où l'écrit man-
» quera et où, cependant, les soins donnés à l'enfant ré-

---

(1) Locré, *Législation civile*, t. VI, p. 125.

» sultent de circonstances avouées, publiques, bien plus
» éloquentes qu'un écrit, quel qu'il soit? Souvent l'écrit
» manquera parce que ces soins auront été donnés dans la
» maison, près du père, quelquefois par lui-même au lieu
» de l'être loin de lui, par des tiers dont l'intervention
» donne lieu à l'écrit exigé. Dira-t-on que si la suite des soins
» est constatée publiquement et présente un ensemble de
» faits suffisants pour faire présumer la paternité, la pos-
» session d'état se trouvera constituée et qu'alors la recher-
» che ne sera pas seulement autorisée, mais la filiation dès
» à présent prouvée? Rien de mieux; c'est ce que nous de-
» mandons.

» La recherche de la paternité ne doit pas être admise
» avec une latitude trop grande, sans doute. Mais les idées
» du législateur français de 1804 ne doivent pas aujourd'hui
» être adoptées aveuglément. A cette époque, on repoussa
» la recherche par deux motifs principaux : la difficulté de la
» preuve et le scandale. Or, en ce qui concerne la difficulté
» de la preuve, la pratique ne confirme pas les données de
» la théorie; cette preuve qui semble impossible, se trouve,
» en fait, bien souvent acquise de manière à ne laisser sub-
» sister aucun doute dans l'esprit de personne. Quant au
» scandale, il faut l'éviter, il est vrai, quand il ne doit ame-
» ner à aucun résultat; mais il en est autrement quand le
» résultat peut être atteint et qu'il s'agit d'un résultat con-
» forme à la justice et à l'utilité (1). »

IV. — Il est des cas où, sans pouvoir invoquer ni reconnaissance explicite, ni possession d'état complète, l'enfant
naturel a pourtant dans ses mains des indices graves, qui
rendent vraisemblable sa parenté avec le père présumé.
C'est, par exemple, une correspondance échangée, une

---

(1) *Revue du Droit français,* t. XI, p. 37.

lettre écrite dans un moment d'abandon, un projet de reconnaissance. Il serait équitable de décider qu'en pareil cas, et toutes les fois que l'enfant pourrait produire un commencement de preuve par écrit, émané du père à qui il l'oppose, il serait admis à rechercher contre lui sa filiation.

C'est l'application à notre matière d'une règle générale en matière de preuves. Aux termes de l'article 1341, en effet, s'il ne peut être prouvé outre et contre le contenu aux actes, la loi fait exception pour le cas où il existe un commencement de preuves par écrit. Or, ici il ne s'agit même pas d'aller contre un acte authentique, ou sous seing privé, il n'est point question de contredire un témoignage écrit dont la sincérité doit toujours en principe être respectée. Bien au contraire, l'enfant demande à faire constater judiciairement des faits précis, certains, connus de tous; car je suppose son action justifiée.

Ce principe a été consacré dans notre matière même, par l'article 341 à l'encontre de la mère. Il n'y a pas de raison sérieuse pour distinguer de la sorte; si la maternité est susceptible d'une démonstration plus facile, nous avons vu, en effet, que la preuve de la paternité n'était point aussi difficile qu'on affectait de le croire.

Avec cette obligation, d'ailleurs, du commencement de preuve par écrit, il n'y a pas à redouter de poursuites téméraires, ni de spéculations calomnieuses. Celui qui, par un singulier hasard, s'exposerait à un pareil danger aurait au moins à se reprocher d'avoir lui-même fourni les armes qu'on lui oppose.

Nous avons déjà dit que l'article 185 du code Sarde reproduit par l'article 273 du projet de code Italien, autorisait la recherche de la paternité, à la condition par l'enfant de représenter *un écrit duquel il résulte une série de soins donnés à l'enfant en qualité de père.* Ces derniers mots indiquent que les tribunaux sont nécessairement armés en cette matière d'un pouvoir discrétionnaire pour apprécier

si le commencement de preuve produit est pertinent et rend
suffisamment probable la preuve offerte.

On voit aussi, par là, la différence qui existerait entre le
cas où l'enfant se présenterait porteur d'une reconnaissance
sous seing privé, et celui où il ne pourrait invoquer qu'un
simple commencement de preuve. Dans le premier, et sauf
contestation, l'état de l'enfant serait irrévocablement fixé
par la reconnaissance ; dans le second, au contraire, ce
serait à lui de faire sa démonstration et aux tribunaux d'en
apprécier la valeur.

V. — Jusqu'à présent, nous avons supposé le père mon-
trant quelque souci de son enfant et lui fournissant, soit par
une reconnaissance écrite, soit par des soins prolongés, soit
enfin par quelques témoignages plus éloignés et plus vagues,
le moyen de fixer son état de famille. Mais, s'en tenir-là, ce
serait laisser en dehors de la règle tous ceux qu'elle a principalement pour but d'atteindre, ces pères dénaturés qui
n'ont pas eu pour le fruit de leur œuvre un seul battement
de cœur, un seul mouvement de pitié. S'il suffisait, pour
échapper aux dangers d'une recherche et aux charges d'une
éducation, d'abandonner celui dont on redoute la poursuite,
ce serait en vérité trop aveuglément seconder les mauvaises
dispositions que nous avons tant de fois flétries. Il suffirait
de pousser la perversité jusqu'à la barbarie pour être assuré
de l'impunité. Il faut donc aller plus loin et dire que, même
sans commencement de preuve par écrit, à la seule condition de s'appuyer sur des présomptions graves, précises et
concordantes, l'enfant pourra être admis à faire la preuve
de sa filiation. Il devra alors coter des faits, dont les principaux seront la fréquentation de la mère par celui qui est
désigné comme le père, des relations suivies avec elle, la
concordance de l'époque de la conception avec celle de la
cohabitation, d'autres encore. Aux juges d'apprécier ensuite
s'il y a lieu d'en admettre la preuve, qui devra, en cas d'af-

firmative, être administrée dans la forme ordinaire des enquêtes.

L'article 264 du code des Deux-Siciles, qui est, sur tous les autres points, la reproduction presque littérale du nôtre, admet la preuve, mais à l'égard de la mère seulement, « lorsque les présomptions et les indications *résultant de* » *faits constatés* sont assez graves pour faire admettre la » preuve testimoniale. » Une disposition analogue existe dans le code Sarde ; seulement, dans l'une et l'autre législation, les présomptions exigées comme point de départ de la preuve demandée, doivent reposer sur des faits constants. Cette condition, qui est en même temps une sérieuse garantie, pourrait être reproduite par notre loi nouvelle. Il va sans dire qu'à l'exemple des législations de la Louisiane et du canton de Vaud, les juges pourraient aussi repousser l'action, lorsque introduite par la mère, celle-ci serait de mauvaises mœurs, ou que vers l'époque présumée de la conception, elle aurait eu d'autres relations qui rendraient l'attribution de paternité nécessairement incertaine. On crierait vainement au scandale. Ces preuves ont de tout temps été admises en matière de séparation de corps. Pourquoi ne le seraient-elles pas ici ?

C'était bien, implicitement, l'avis de Portalis lorsque, dans un passage rappelé plus haut, il prononçait ces mots : « Des » faits de possession isolés, passagers et purement indicatifs » peuvent n'être qu'un commencement de preuve. » Ce qui indique évidemment que, dans sa pensée, ils avaient au moins ce caractère.

Nous reconnaissons, toutefois, qu'il serait imprudent d'abandonner sans défense l'honneur et la réputation des citoyens, et qu'il importe de leur donner certaines garanties de sécurité auxquelles ils ont droit. Nous en indiquons quelques-unes qui ne nous paraissent pas sans efficacité.

1° Lorsque le procès serait intenté par la mère, soit dans l'intérêt de son enfant mineur, soit pour obtenir des dom-

mages-intérêts personnels, elle pourrait être appelée à
prêter le serment que, dans sa pensée, l'individu poursuivi
est bien réellement le père de l'enfant. Ce serment serait
un simple serment supplétoire, déféré par le juge, qui en
tiendrait tel compte que de raison. Nous croyons, au surplus, que peu de femmes oseraient se parjurer.

Nous avons dit plus haut que, d'après la législation du
canton de Vaud, le père qui défendait contre la mère à une
recherche de filiation naturelle pouvait être admis à jurer
que, depuis le trois-centième jour jusqu'au cent quatre-
vingtième avant la naissance de l'enfant, il n'avait eu aucun
commerce avec cette femme. Ce serment est un autre élément de décision que les juges devraient avoir la possibilité
de se procurer.

2° Toute action en recherche de paternité naturelle qui
serait écartée par les tribunaux, pourrait donner lieu, contre son auteur, à une poursuite en calomnie, dans le cas où
il apparaîtrait clairement qu'une pensée diffamatoire ou
une spéculation dolosive en aurait été le mobile. Cette poursuite aboutirait à une condamnation sévère, au cas où le dol
et la fraude seraient dûment établis.

C'est ce que décide l'article 346 du Code de procédure
civile en matière d'inscription de faux : « Le demandeur
» en faux qui succombera, sera condamné à une amende
» qui ne pourra être moindre de trois cents francs, et à tels
» dommages-intérêts qu'il appartiendra. »

La peine pourrait même être prononcée directement par
le tribunal, saisi de l'action principale. Il posséderait, en
effet, mieux que tout autre, les éléments de la décision, et
la rapidité de la répression, ainsi obtenue, ajouterait encore à son efficacité. Qu'on n'objecte pas que ce serait bou-
leverser l'ordre des juridictions, en attribuant à des juges
civils le droit d'appliquer des peines correctionnelles. L'article 308 du Code Napoléon nous en offre un exemple, en
permettant aux tribunaux qui statuent sur une demande en

séparation de corps de condamner par le même jugement,
à la réclusion, la femme convaincue d'adultère.

3° Si ces précautions paraissaient insuffisantes, on pourrait encore exiger que toute action de ce genre fût précédée
d'une consignation d'amende, confisquée au cas de rejet.
C'est ce qui se pratique en matière d'appels et de pourvois.

La gravité des intérêts en jeu pourrait, au besoin, justifier l'extension de cette règle à notre matière.

Ceux auxquels leur situation de fortune ne permettrait
pas cette avance auraient la ressource de solliciter le bénéfice de l'assistance judiciaire. Seulement, en pareil cas, la
décision du conseil devrait être entourée de plus sérieuses
garanties d'examen et d'attention. Le ministère public, par
exemple, auquel tous ces dossiers devraient être commu-
niqués après décision, pourrait interjeter appel de la sentence, qui serait alors portée devant le conseil d'assistance
établi près de la Cour du ressort.

Nous croyons qu'avec ces garanties les citoyens honnêtes
pourraient dormir en paix. Le jour où une poursuite impru-
dente se payerait par de l'amende et de la prison, on y re-
garderait à deux fois avant de s'engager dans un procès.
C'en serait assez pour désarmer la calomnie, ou pour la
rendre inoffensive, autant du moins qu'on peut espérer de
prévenir ici-bas les abus de la liberté.

Ainsi, pour résumer ce qui précède, nous voudrions voir
admises comme preuves de la filiation naturelle :

1° La reconnaissance authentique ;

2° La reconnaissance sous seing privé, écrite, datée et
signée de celui auquel on l'oppose ;

3° La possession d'état, telle qu'elle est définie par l'article 321 du Code Napoléon.

4° Nous admettrions, en outre, la recherche dans le cas
où l'enfant pourrait justifier d'un commencement de preuve
par écrit ou de présomptions, reposant sur des faits constants
et assez graves pour rendre admissible la vraisemblance

des faits qu'il allègue, sauf à lui à porter, dans les conditions que nous venons d'indiquer, la peine de sa témérité.

Plusieurs législations subordonnent l'action de la mère à la déclaration de grossesse faite par elle dans un délai déterminé avant l'accouchement. Cette mesure nous paraît des plus sages. Elle protége la vie de l'enfant contre toute tentative de suppression et tend ainsi à diminuer les crimes dont la statistique nous a révélé tout à l'heure l'effrayante progression. Il nous semble donc qu'il y aurait lieu, dans cet ordre d'idées, de décider que la mère ne pourrait exercer de recours *personnel* contre son séducteur toutes les fois qu'elle aurait négligé, dans un délai déterminé, de se déclarer enceinte de l'enfant dont la naissance sert de point de départ à son action.

VI. — Ce que nous venons de dire du père doit, à plus forte raison, s'appliquer lorsqu'il s'agit pour l'enfant de rechercher sa filiation à l'encontre de la mère. Ici, en effet, si la possibilité du scandale demeure, la facilité de la preuve porte plus généralement à l'admettre. Aussi, notre Code qui, dans son article 340, pose si sévèrement le principe d'interdiction de toute recherche vis-à-vis du père, commence l'article suivant par ces mots : « La recherche de la » maternité est admise. » D'après nous, elle devrait l'être dans les mêmes cas et sous les mêmes garanties que la recherche de la paternité.

Le nom de la mère fait naître ici une autre question, absolument distincte de celle que nous traitons, bien qu'elle s'y rattache par des liens étroits, et que nous en ayons plus d'une fois parlé dans le cours de cette étude; nous voulons parler de la *séduction*.

Inutile d'insister, après tout ce qui précède, pour démontrer la nécessité d'en assurer la répression. Nous l'avons établi implicitement, en démontrant comment le père était tenu, dans le regard de la mère, de concourir à l'éducation et à l'entretien de l'enfant issu de leurs œuvres. Le droit de la femme, en effet, lorsqu'elle a été séduite, n'est pas moins incontestable que le droit de l'enfant lui-même, et cela, en vertu de ce principe de bon sens et de justice consacré par notre article 1382 : que toute faute de l'homme qui cause un dommage à autrui, oblige son auteur à le réparer.

Ce que nous avons dit des conséquences de la recherche de la paternité au point de vue de l'amélioration des mœurs, retrouve ici sa place. Lorsque le séducteur sera obligé de payer à beaux écus comptants la vertu qu'il aura volée, comme dit Alexandre Dumas, il la regardera le plus souvent à travers la vitrine, sans oser y toucher.

« Les riches qui vivent ouvertement dans le désordre, » écrit M. Le Play (1), seraient particulièrement exposés » aux accusations injustes, et pour ce motif, ils devraient » s'imposer plus de réserve. Ceux qui mènent au fond une » vie régulière, éviteraient avec plus de soin les lieux pu- » blics, si nombreux chez nous, où affluent les sociétés mê- » lées. L'ordre moral, ramené d'abord dans les apparences, » se rétablirait ensuite dans les esprits. »

C'est ainsi qu'en Prusse, la séduction est punie comme un délit dont les magistrats poursuivent d'office la répression.

Aux Etats-Unis et en Angleterre, elle expose le séducteur à des dommages-intérêts (2). Il n'existe pas de texte spécial

---

(1) *Organisation du Travail,* p. 302.

(2) « En Angleterre, il est de règle que l'action civile n'appartient qu'à » celui qui souffre un dommage par suite du fait de séduction. Ainsi, le » père de la fille séduite, qui a subi une atteinte à son autorité pater- » nelle, sa famille qui a souffert un dommage en perdant les services » que cette fille lui rendait, ont une action en dommages-intérêts contre » le séducteur, et cette action s'exerce avec une grande rigueur. — Aux » Etats-Unis, comme en Angleterre, mais sans recourir à la fiction légale » de la *perte de service,* on applique rigoureusement, en matière de sé- » duction, ce principe fondamental que chacun doit être responsable de

à ce sujet dans notre législation. Mais nous avons vu qu'en certains cas, l'article 1382 peut servir de point de départ à une action utile, et plusieurs fois déjà la jurisprudence en a consacré l'admission.

Ce qui crée aujourd'hui la grosse difficulté, c'est que la séduction se mêlant presque toujours d'une question de paternité, et celle-ci étant interdite par la loi, les juges ne peuvent arriver qu'à force de subtilité et par des tours de force qui n'échappent pas toujours à la rigueur de la Cour suprême, à satisfaire la justice sans donner une entorse à la loi. Si le principe d'interdiction était abrogé, tout obstacle serait levé et la séduction pourrait, sans texte nouveau, faire l'objet d'une poursuite absolument régulière et juridique.

Ainsi, la réforme que nous poursuivons ferait sentir, en cette matière, son heureux contre-coup.

Mais une répression *civile* serait elle-même insuffisante. Aussi, d'excellents esprits demandent-ils que la séduction, lorsqu'elle se présente avec les caractères frauduleux et les manœuvres dolosives qui lui sont propres, soit frappée par la loi pénale comme un véritable délit.

Nous partageons entièrement cet avis.

La séduction, nous l'avons dit, n'est autre chose qu'une variété du dol; or, le dol, employé pour obtenir une remise d'argent, par exemple, ou se créer un crédit imaginaire, est puni de peines sévères, par l'article 405 du Code pénal, sous le nom d'escroquerie; comment ne le serait-il pas lorsqu'il est pratiqué pour surprendre non plus seulement la confiance d'un créancier, mais l'honneur et la vertu d'une femme?

» ses actes, et l'autorité incontestée de ce grand principe a fait plier
» toutes les autres considérations. »

(Bulletin de la Société internationale des Études pratiques d'écono-mie sociale, t. i, p. 31.)

Notre Code pénal était muet sur ce point. La loi de 1832, modifiée par celle de 1863, y est revenue et a frappé la séduction dirigée contre les mineurs de treize à quinze ans. Ce n'est point encore assez : le principe doit être généralisé, sauf le pouvoir appréciateur des tribunaux.

Nous avons vu précédemment que de nombreuses législations étrangères et notre ancien droit lui-même, édictaient sur cette matière des peines rigoureuses.

L'étude détaillée de cette question ne rentre point dans le cadre de ce travail. Mais il sera permis d'ajouter, en finissant, que déjà la loi romaine avait posé le principe de la répression pénale en cette matière. Voici, en effet, ce que nous lisons aux Institutes de Justinien : « *Stupri flagitium* » *punitur cum quis, sine vi, vel virginem vel viduam ho-* » *neste viventem stupraverit* (l. 4, *De public. judic.*, § 4). »

« Des peines afflictives et infamantes ne seraient certai- » nement pas de trop pour châtier des crimes semblables, » conclut le Père Toulemont dans le remarquable travail » que nous avons déjà plusieurs fois cité. Toutefois, comme » il n'y a point lieu d'espérer que cette manière d'apprécier » les choses puisse prévaloir dans l'état actuel des esprits, » il faut tout au moins que la loi inflige, dans les cas dont il » s'agit, des peines correctionnelles très-sévères, comme la » prison ou de fortes amendes. Ces amendes (nous en dirons » tout à l'heure la raison) ne devraient point être édictées » au profit des personnes séduites ou de leur famille : elles » seraient exclusivement affectées à l'entretien des enfants » trouvés (1). On sait que les enfants trouvés imposent au- » jourd'hui à la société des charges considérables, et encore » les sommes portées au budget des départements et des » municipalités sont-elles bien loin de suffire aux besoins

____

(1) C'est ainsi qu'en partant d'une pensée analogue, la loi du 19 ventôse an XI, prononce contre ceux qui ont exercé illégalement la médecine une amende au profit des hospices.

» de ce service. Rien de plus juste que de faire tomber le
» poids de ces charges, non point sur l'ensemble des con-
» tribuables, mais sur la catégorie d'individus qui se trouve
» tout naturellement désignée par ses propres actes. De
» cette manière, surtout, si les amendes étaient considéra-
» bles comme elles devraient l'être, la société recevrait une
» compensation quelconque pour le tort immense que lui
» fait la séduction (1). »

VII. — Une dernière observation. Notre législation qui
interdit la recherche de la paternité naturelle simple, prohibe
jusqu'à la possibilité d'une reconnaissance, lorsqu'il s'agit
des enfants de l'adultère et de l'inceste. Il lui paraît qu'il y
a là un fait tellement monstrueux qu'elle ne peut même se
prêter à en constater légalement l'existence. Que faut-il
décider par rapport à eux?

Notre première pensée, nous devons l'avouer, avait été
de faire plier nos réformes devant les exigences de cette
situation, au cas d'adultère principalement. Alors, en effet,
disions-nous, il n'y a plus seulement en présence l'enfant
et le père qui lui a donné la vie; il y a, à côté de ce dernier,
une épouse dont la dignité doit être respectée, une famille
qu'on ne peut engager dans les incertitudes et les scandales
d'un procès où fatalement elle laisserait quelque chose de
sa considération. Il y a enfin la société, intéressée à ce que
de pareilles hontes demeurent éternellement cachées. Tout
cela nous semblait de nature à faire hésiter les convictions
les mieux assises.

Voyons cependant quelles seraient les conséquences d'une
pareille exception. S'il suffisait, aujourd'hui, pour échapper
à une recherche de paternité, c'est-à-dire à la responsabilité de ses actes, d'être engagé dans les liens du mariage, ce

---

(1) *Loc. cit.*, p. 267.

serait, dans l'état de nos mœurs, une prime donnée par la loi elle-même à l'adultère. Il suffirait d'ajouter à la transgression de la loi morale la violation de la foi conjugale, pour être assuré de l'impunité. Ainsi, sous prétexte de protéger le bâtard, on sacrifierait inconséquemment l'épouse et le foyer légitimes. Ce serait une monstruosité d'illogique et d'injustice.

Non ; ce n'est point au moment où les liens du mariage se relâchent, quand depuis plus d'un siècle l'adultère étend sa lèpre sur notre vie domestique et peuple nos villes de femmes entretenues, qu'il convient d'ajouter encore à cette fièvre de corruption l'appât d'une scandaleuse irresponsabilité. Le moment est venu, au contraire, de faire rentrer dans son lit, s'il en est temps encore, ce flot d'immoralité qui monte et menace de nous engloutir. A l'œuvre donc ! La séduction étend ses ravages dans l'atelier et jusque dans nos campagnes ; que les séducteurs soient impitoyablement punis ! Le nombre des bâtards s'élève dans des proportions effrayantes ; que le père soit à côté d'eux pour leur donner les aliments. Et si parfois il arrive que cet enfant ait trouvé le jour dans l'inceste ou dans l'adultère, eh bien, ce sera à la justice pénale d'avoir son tour après la justice civile, et le coupable, après avoir répondu de son crime devant l'enfant qui en est issu, en répondra devant la société qu'il outrage.

Toutefois, comme le mariage mérite essentiellement la protection de la loi, les juges se montreront rigoureux pour admettre contre un homme marié une action en recherche de paternité naturelle. Le législateur pourrait, de son côté, restreindre le droit des enfants incestueux et adultérins à une simple créance d'aliments. Quant aux poursuites téméraires, elles seront l'objet d'une répression plus sévère encore qu'au cas de parenté naturelle simple. Mais qu'on y réfléchisse ; toutes les facilités qu'on enlèverait à l'enfant pour établir sa filiation profiteraient au père pour tromper la foi du mariage et il se trouverait que la famille serait précisément atteinte par toutes les protections dont on aurait voulu l'entourer.

Voici donc nos conclusions :

Tout enfant pourra, en principe, rechercher sa filiation, tant contre son père que contre sa mère.

Les juges, toutefois, se montreront très-circonspects pour l'admission de la preuve, et devront même la rejeter, si elle n'est rendue vraisemblable par un commencement de preuve par écrit, ou à défaut, par des présomptions graves ou concordantes, reposant sur des faits dès lors constants.

Nous faisons, en terminant, un pressant appel aux esprits honnêtes que préoccupe la régénération de notre société. Il importe de rendre au mariage sa dignité, à la famille sa stabilité, aux mœurs publiques le frein qui les préserve, à tous enfin, justice et équité. La loi que nous proposons répond à tous ces intérêts, nous le croyons du moins. Puisse-t-elle trouver de plus éloquents interprètes! Elle n'en saurait, dans tous les cas, rencontrer de plus convaincus.

PROJET DE LOI

SUR

LA PREUVE DE LA FILIATION NATURELLE.

Art. 1. — La preuve de la filiation naturelle est permise, sous les conditions ci-dessous indiquées, tant à l'égard du père qu'à l'égard de la mère. Il en est de même de la filiation adultérine et incestueuse.

Art. 2. — La filiation naturelle est établie par une reconnaissance émanée du père ou de la mère à qui on l'oppose.

Cette reconnaissance, lorsqu'elle n'aura pas été faite dans l'acte de naissance, pourra toujours l'être, soit par acte authentique, soit par acte sous seing privé.

Art. 3. — Toute reconnaissance par acte sous seing privé devra, pour être valable, être écrite en entier, datée et signée de la main de celui dont elle émane.

Art. 4. — Cet acte, avant d'être mis à exécution, sera présenté au président du tribunal de première instance de l'arrondissement dans lequel le père ou la mère étaient domiciliés. Le président dressera procès-verbal de la présentation, de l'ouverture et de l'état de la reconnaissance dont il ordonnera le dépôt entre les mains d'un notaire par lui commis. Le notaire en délivrera aux parties une expédition certifiée et légalisée, au vu de laquelle l'officier de l'état civil compétent fera, s'il en est requis, en marge de l'acte de naissance de l'enfant, mention de sa reconnaissance.

Art. 5. — A défaut de reconnaissance, la possession constante d'état d'enfant naturel suffit. La possession d'état s'établit conformément aux règles de l'article 321 du Code Napoléon.

Art. 6. — L'enfant pourra encore être admis à rechercher son père ou sa mère, dans les deux cas suivants :

1° Lorsqu'il justifiera d'un commencement de preuve par écrit, émané de celui auquel il l'opposera et rendant sa prétention vraisemblable ;

2° Lorsque les présomptions articulées et résultant de faits constants paraîtront assez graves au juge pour rendre la preuve testimoniale admissible.

Art. 7. — Lorsque l'action sera intentée par la mère, au nom de ses enfants, le juge pourra lui déférer le serment supplétoire.

Art. 8. — Il pourra aussi, dans tous les cas, déférer au père le serment purgatoire pour établir que pendant toute la période fixée par la loi comme délai légal de la conception, il n'a eu aucun rapport avec la mère de l'enfant.

Art. 9. — La mère de l'enfant sera tenue de déclarer sa grossesse à l'officier de l'état civil du lieu de sa résidence, dans les trois mois qui suivront la conception. Faute de quoi, elle ne sera pas admise à introduire d'action personnelle contre son séducteur, à l'occasion de la naissance de cet enfant.

Art. 10. — Toute reconnaissance de la part du père ou de la mère, comme aussi toute réclamation de la part de l'enfant pourra être contredite par ceux qui y auront intérêt. Un simple intérêt moral suffira pour justifier l'intervention.

SOMMAIRE

CHAPITRE PREMIER.

LE DROIT ANCIEN ET LE CODE NAPOLÉON.

CHAPITRE DEUXIÈME.

MARCHE ET PROGRÈS DE LA JURISPRUDENCE.

CHAPITRE TROISIÈME.

LÉGISLATIONS ÉTRANGÈRES.

CHAPITRE QUATRIÈME.

VICES ET DANGERS DE LA LÉGISLATION ACTUELLE.

CHAPITRE CINQUIÈME.

OBJECTIONS A UNE RÉFORME.

CHAPITRE SIXIÈME.

DE QUELQUES PROJETS DE RÉFORMES.

CHAPITRE SEPTIÈME.

CONCLUSION ET SYSTÈME PROPOSÉ.

Il faut proclamer en principe que la recherche de la paternité naturelle est permise. — Elle pourra être prouvée : — par une reconnaissance authentique, — par un acte sous seing privé, écrit, signé
et daté par l'auteur de la reconnaissance, — par la possession d'état.
— L'enfant qui aura un commencement de preuve par écrit pourra
être admis à la recherche de cette paternité. — Il le pourra aussi avec
des présomptions graves reposant sur des faits dès lors constants, sauf
le pouvoir discrétionnaire du juge. — Garanties contre les poursuites
téméraires. — Déclaration de grossesse. — Recherche de la maternité. — Répression de la séduction. — La recherche doit être
autorisée même pour les enfants incestueux et adultérins. — Con-
clusion, page 86.

TABLE

9 782329 567594